# 能の読みかた

林望

角川文庫
19628

# 能の読みかた　目次

能舞台の意味　10

## あ行

葵上　あおいのうえ　17
阿漕　あこぎ　22
安達原　あだちがはら　26
敦盛　あつもり　31
海士　あま　34
一角仙人　いっかくせんにん　37
井筒　いづつ　40
鵜飼　うかい　44
歌占　うたうら　47
江口　えぐち　50
絵馬　えま　53
老松　おいまつ　56
翁　おきな　59
小塩　おじお　64

## か行


杜若　かきつばた　67
花月　かげつ　71
春日龍神　かすがりゅうじん　74
葛城　かづらき　77
鉄輪　かなわ　81
邯鄲　かんたん　85
菊慈童　きくじどう　89
清経　きよつね　93
熊坂　くまさか　97
車僧　くるまぞう　100
源氏供養　げんじくよう　103
玄象　げんじょう　106
恋重荷　こいのおもに　109
項羽　こうう　113
小鍛冶　こかじ　116
胡蝶　こちょう　120


## さ行


西行桜　さいぎょうざくら　123
志賀　しが　126

七騎落　しちきおち　129
石橋　しゃっきょう　132
舎利　しゃり　135
俊寛　しゅんかん　139
猩々乱　しょうじょうみだれ　143
正尊　しょうぞん　147
隅田川　すみだがわ　150
善界　ぜがい　154
千手　せんじゅ　157
草子洗小町　そうしあらいこまち　160


## た行

大瓶猩々　たいへいしょうじょう　163
高砂　たかさご　166
忠度　ただのり　169
龍田　たつた　172
玉井　たまのい　175
田村　たむら　177
鶴亀　つるかめ　180
天鼓　てんこ　182
道成寺　どうじょうじ　185
唐船　とうせん　188
東北　とうぼく　191
巴　ともえ　195

## な行


錦木　にしきぎ　198
鵺　ぬえ　201
野宮　ののみや　204
野守　のもり　207


## は行


羽衣　はごろも　211
半蔀　はじとみ　214
橋弁慶　はしべんけい　218
鉢木　はちのき　221
花筐　はながたみ　224
班女　はんじょ　228
藤　ふじ　231
富士太鼓　ふじだいこ　235
藤戸　ふじと　238
船弁慶　ふなべんけい　243
放下僧　ほうかぞう　247

## ま行

巻絹　まきぎぬ　250
松風　まつかぜ　253
三井寺　みいでら　256
通盛　みちもり　259
三輪　みわ　265
望月　もちづき　268
求塚　もとめづか　273
紅葉狩　もみじがり　278

## や行

夕顔　ゆうがお　282
遊行柳　ゆぎょうやなぎ　285
熊野　ゆや　288
養老　ようろう　293
吉野天人　よしのてんにん　297
頼政　よりまさ　301

弱法師　よろぼし　306

ら行
籠太鼓　ろうだいこ　311

書後に　314

中世の感受性と想像力に立会える　丸谷才一　317

# 能舞台の意味

もと、能舞台の屋根の上には、青空が広がっていた。

そこで、暑い夏には、全身を汗に浸して、寒い冬には、息を白く凍らせて、よろずの役割を勤めたのである。

今の、屋上屋《おくじょうおく》を重ねた姿の能舞台から、そういう晴朗な空間としての昔の能舞台を想像することは難しい。

ただこれだけは覚えておいてもらいたい。

能の舞台は、「この世」ではないのだ、ということを。

舞台の周囲にぐるりと回っている玉砂利の空間は「白州《しらす》」というのだが、それは明らかに「水」の象徴である。舞台は、いわば水の上に浮かんでいるのである。実際に、水の上に浮かんでいる舞台だってある。安芸《あき》の厳島《いつくしま》神社の能舞台、四天王寺《してんのうじ》の舞楽舞台などがそれである。

それはこの世とあの世を隔てる、また別の言い方をすれば、「ここ」と「常世《とこよ》」とを隔てる、はるかな海面であると言ってもよい。

だから、その舞台の正面に、梯子《はしご》が架かっている現代の能舞台の形は、あれは正しい姿ではないのである。江戸時代、いや明治になってさえも、その白州梯子《しらすばしご》というものは、通常は架かっていなかったのだ。

たぶんそれは、演能に先立って「翁《おきな》」を勤めるときにだけ、象徴的に架け渡されたのだ。なぜなら、翁は、どこか遠いところからやってくる祖霊の姿であって、その時だけは、現《うつし》世《よ》と常世とが、劇的に結ばれたのに違いないからである。

能の舞台には、左手の奥に向かって、長い橋が架かっている。これを「橋懸《はしがか》り」というのだが、だからといって、役者たちが橋を通って、舞台に出てくると思ってはいけない。あれは、あの橋懸りだけが橋なのじゃなくて、舞台全体がそもそもまるごと「橋」なのである。

水の上に浮かんでいる橋、そこに妖怪《ようかい》、精霊、亡霊、鬼と、ありとあらゆるモノ、そして時には神や仏までもが出現する、とそう考えてみなければ、あの舞台の構造は決して理解されない。

だから、能の舞台には「欄干」が付いていることに注意せよ。

とができる。
「橋」は、橋姫《はしひめ》、一条戻橋《いちじょうもどりばし》、宇治橋《うじばし》、五条橋《ごじょうばし》、いずくにもなにかこの世ならぬものの出現する「あやかし」の空間であったことは、歴史的に、文学的に、いくらでも例をあげることができる。

舞台の空間が、橋懸り左手奥の「幕」から始まると思ってはいけない。じつは、橋懸りというものは、幕の向こう側二メートルくらいまで続いていて、観客席からは決して見えないその板の端が、橋の入り口である。役者はこの板の端に立ったときに、にわかに人格が変化し、「モノ」や「神」になるのである。

「幕下を通過するときに、そこが舞台の始まりと感じますか、それとも舞台の途中通過点と感じますか」

と何人かの能役者に尋ねたことがある。

答えはみな同じで

「通過点ですね、心理的には」

というのだった。それはそうに違いない。

屋根のある橋、なんてものも、実際に存在する。目に近いところでいえば、東福寺《とうふくじ》の通天橋《つうてんきょう》なんてのがそれである。だから、能舞台に屋根があっても、それが橋であることを妨げる条件にはならないのである。

江戸時代の早い頃の小説や絵画などには、四条五条の橋で踊ったり謡ったりする芸能の姿がこれまたいくらでも出てくる。

それゆえ、舞台は橋である、または橋が舞台である、といったところで、それは比喩《ひゆ》でもなんでもなく、当り前のことに属する、と昔の人は思うであろう。

ただ、ふつうの能の入門書などを見れば、そうは書いていない。

「舞台中央には、白州梯子という階段があり、舞台と楽屋は橋懸りという橋で結ばれている」とそんなふうに構造を説明するであろう。

それはしかし、ものの道理をよく考えないで、見たとおりの表面だけをなぞった言いかたである。

私は、こう説明するであろう。

能楽堂という建物の、コンクリートの天井は無いものと思って下さい。

青空のもと、きらきらする水面に、不思議の橋が浮かんでいる。空中の橋である。その橋には屋根があり（むろん屋根は無くてもよい）、松の梢が橋の欄干まで、辛うじて届いている。白州梯子なんかは、これまた無いものと思わねばなるまい。

そういう超常的空間が、目前に出現している。

そこに、この世のものでない「モノ」が現われる。

能を見る、というのは、そういう経験なのである。

西洋の舞台空間と、似て非なる点は、まさにこの「天《あめ》の浮き橋」であるという、舞台の形而上《けいじじよう》的な意味にある。

舞台の上の、または舞台の傍らの、ほとんどすべての樹木は、神の依《よ》る場所である。松も桜も柳も、その限りにおいて変らない。

すべての風景は、観客の心の中に、想像されなくてはならない。だから、観客は受け身でぼんやりしていてはなんにもならないのである。「ナントカ屋ァー」なんて能天気なかけ声をかけて喜んでいる歌舞伎のように暢気《のんき》にはしていられないのが、能である。すべての想像力をフルに回転させて、ディジタル情報として、つぎつぎと言葉《テキスト》の形で投げつけられるメッセージや「美」を、すべて見る方で解読《デコード》して、空間化《アナログ》していかなくてはならないのだから、忙しい。

能は、がんじ搦《がら》めの古くさい伝統芸能だと思い込んでいる人も多かろう。けれども、それも違う。

謡曲の形で書き留められた、テキストとしての情報は、いわばまったくの「骨格」に過ぎない。それを、どう肉付けして、演技として見せるかということは、あげて役者の「解釈」にかかっている。そこには、広くて自由な、解釈の幅があり、工夫の余地がある。どういう面《おもて》をかけ、どういう装束を附《つ》けるか、そこにも、自由裁量の幅が残されているのが、能という芸能の生命である。私が最初に能に接して驚いたのは、まずもってこの自由闊達《かったつ》なところであった。

能の家の子でなくとも、原則として誰でも能役者になれる。しかも、主役に立つことができるのだ。そこが、歌舞伎などと大きく違う点である。

能は、原則的に、一回しかやらない。

その一回が、真剣勝負なのだ。役者は、日頃から訓練を積み、いつでも演能に応じられるよう、備える義務がある。それが本当のプロフェッショナルである。

能は、だから、本読み、立ち稽古《げいこ》、舞台稽古、リハーサル、なんて迂遠《うえん》なことは一切しない。「申し合わせ」といって、流儀を異にする各役が集まって、たった一度だけ、あっさりとおさらいをし、ここはこのあたりで、あそこは、この節遣《ふしづか》いで、と、申し合わせて、いきなりぶっつけ本番である。しかも、シテから地謡《じうたい》に至るまで、全員が暗記で演じる。本を見ながら歌ったりする、長唄《ながうた》や浄瑠璃《じょうるり》などとは、全然違うのがこの点である。

それもたった一度の本番。しくじったら、それっきり。やり直しはきかない。

そういう恐ろしい芸能が、また能なのである。能楽堂にぴーんと張りつめた、あの緊張感は、じつはここから生まれる。

それゆえ、見ているほうも、脳細胞をせいぜい働かせて、想像の空間を作り出すよう、努力しなければなるまい。見る者にも、努力を強いる芸能、それがまた能である。

だから、能は、努力して見て、この夢のような橋の舞台の上から、投げつけられる情報を、みごとデコードできたときに、豊かな空想のハイヴィジョンが現われる。そうなると、じつにじつに面白いのである。能が西洋の演劇人や音楽家を、インスパイアして止まないのは、これがためであろうと、私は信じる。


この本は、能の筋書きを書いたものではない。

役者の秘事口伝《ひじくでん》なんてものを喋々《ちょうちょう》したものでもない。

ましてや、役者の演技評のようなものではさらにない。

ただ、この豊麗な言葉の森に、いかにして分け入り、どのように読み解くか。その私としての「一つの解読」を述べたものにほかならないのである。

# 葵上　あおいのうえ

『葵上』は、その題名を裏切って、葵上その人はついに舞台に登場しない。正確にいえば、最初に折りたたんだまま正先《しょうさき》に置かれる小袖《こそで》（これを「出し小袖」という）、それが葵上その人の象徴である。能の、驚くべきリアリズムの超克が見てとれる。そして、一曲は、もっぱら六条御息所《ろくじょうのみやすどころ》の霊と、それを祈り伏せんとする宗教者との葛藤《かっとう》を主題として描かれる。ここに現われる御息所は、生霊《いきりょう》であって、幽霊ではない。前場《まえば》シテのクドキの中に「我れ世にありし古《いにしえ》は云々《うんぬん》」といってあるので、現代人は誤解しがちであるが、ここの「世」は、「男女の関係」を意味する古典的用法であって、試みに訳せば「私が御寵愛《ちょうあい》をもっぱらにしておりました昔は……」ということである。そのころははなやかな宮廷生活だったのに、衰え果てた今となっては「朝顔の日影《ひかげ》待つ間《ま》の有様（朝顔が朝の光に当って萎《しお》れるのを待つしかないような有様）」となった、とそれが彼女の一番悔しいところなのだ。ではそういう想念を、どんなきっかけによって感じるようになったのかということが、この曲の何よりの問題点である。

それを単に、年若い葵上に対する嫉妬《しっと》だという風にみたのでは、いかにも浅い。そうではなくて、『源氏物語』の説くところをよく読めば、賀茂《かも》の祭の際の、御禊《ごけい》(みそぎ)の行列のおりに、それを見物する場所をめぐって、葵上かたと六条御息所かたとが、ひどく争ったことがあった。その結果、力の弱い六条御息所かたはあえなく敗れ、散々の目に遭わされる。その侮辱が悔しい、と彼女の怨念《おんねん》の中心はそこにあったのである。ただし、六条御息所自身は、大変につつましやかな、「我慢する女」であって、正気では、人にたったりする人柄ではない。けれども、その悔しい情念は、理性の支配する昼間こそ抑えていられるけれど、理性の失われる睡眠中、すなわち夢の世界ではどうしても抑えることができない。こうして彼女は「心ならずも」葵上にたたる結果となるのである。それは六条御息所にとっては、自己嫌悪の種である。自分ではそんなことはしたくない、けれども、それを抑えることはできない、その両面の無力感がこの曲の最大のテーマである。

御息所の生霊は、しかし、恐るべき威力をもった「もの(怨霊《おんりょう》)」だった。前段、照日《てるひ》という「梓巫女《あずさみこ》」に寄せられて、生霊は出現する。弓を弾《はじ》いた時のブーンブーンという単調な音が、シャーマンの憑依《ひょうい》に普遍的に用いられる技法であることは、民族学的にはなにも珍しいことではない。鈴、太鼓、弓音、こうした反復的音響にのって、巫女は夢うつつとなり、死霊生霊を呼び寄せるのである。しかし、照日は、これを寄せてその正体を暴露するのが主務であって、ついに調伏《ちょうぶく》するまでの力はない。ただ、古い信仰では、そのもの

葵上　津村禮次郎

の正体が露顕した時、すでにこれを調伏する条件は用意されたのであると看なされたのである。あとはもっと強い法力をもった行者に調伏してもらうまでのことである。これが、横川小聖を対置した後段の構想である。照日の巫女も横川小聖も、原作には見えない名前で、能作者の創作かと思われる。

しかし、いずれにせよ、この曲のメインテーマが、前段の「六条御息所の無力感と絶望」というところにあったことは明らかな事実で、したがって、たたって葵上を打擲《ちようちやく》した後も、それで六条御息所の心が晴れたのではない。それどころか、嫉妬に狂って、葵上を殴る自分の姿が、鏡に映ってはっと気が付く。ああ、なんて醜いおのれなのだろう。こうして、彼女は、ますます深く暗い絶望の淵《ふち》に沈んで行きながら、破《や》れ車に乗って消えて行くのである。この前段の締めくくりの文句「その面影もはづかしや、枕に立てる破れ車、打ち乗せ隠れ行こうよ」というのは「ああ、この恥ずかしい己の姿よ、いまはこの枕近くに停めてある破れ車に、その恥ずかしい己の姿をさっと乗せて、隠れて行こうよ」というのであって、「この車に葵上を乗せてさらっていこうよ」というのではない。従来みなそのように解釈して疑わないのは、まことに怪しむべきことであろう。

小書「梓の出《あずさ》」は、はじめの「次第」から「上歌《あげうた》」までを略して、前シテが直ちに梓弓の音に引かれて現われるところを強調し、冒頭から超常的な気分が印象づけられる。「空《くう》の祈《いのり》」は、後場《のちば》の小聖の「祈」のところで、ふっと怨霊を見失ったさまを描き、怨霊の常ならぬ力を不気味に演出するのである。

また、最近になって、「古式」という演式が工夫され、実際に車の作り物を出し、シテの他に、現行では出ない「青女房《あおにょうぼう》」というツレを出して、謡曲の詞章に忠実に演じようとするむきもある。それは、世阿弥《ぜあみ》の『世子《ぜし》六十以後申楽《さるがく》談儀』に近江《おうみ》の犬王《いぬおう》という大夫《たゆう》がそういう演式で演じたという記事が出ているところを根拠にした、一種の復原式演能なのだが、さて、それがどれだけ普遍的な古式演出であったか、確かなことはまだ分っていない。ただ言えることは、この古式のほうが説明的で分りやすいということであって、そのほうが芸術的に優れているとは必ずしも言えないというのが、本当のところである。

# 阿漕　あこぎ

もともと伊勢の「阿漕浦」は伊勢神宮《いせじんぐう》への調進《ちょうしん》の魚を獲《と》るところゆえ禁漁になっていた。もし、しかし、そこでたびたび漁《すなど》る者のあらば、やがて露顕に及ぶであろうということを枕として、恋の逢瀬《おうせ》が度重なれば人の口にものぼるべきことを戒めた歌が、古くあった。

逢ふことを阿漕が島に引く網の
たび重なれば人も知りなん

という『古今六帖《こきんろくじょう》』所伝の古歌がそれである。これが、転訛《てんか》して本曲の

伊勢の海阿漕が浦に引く網も
度重なれば顕《あらわ》れにけり

の歌となった。

もともとの古歌に「阿漕が島に引く網」を引くのは、単に「度重なる」ということを導くための序詞で、それ以上の深い意義はなかったはずであるが、こうした序詞には、どこか奥深い事情が隠されているような響きがある。そこで、これに種々の意味深長なる注釈

阿漕　坂真次郎

が附《ふ》せられるのはけだし自然のなりゆきであったろう。

もとより、中古中世の古典注釈というものが科学よりも神秘を指向していた結果、それ自体さまざまな伝説奇談の供給源となったのを受けて、能もまた、そこから多くの素材を掘り起こしたのであるが、本曲のごときも、おそらく、このいわくありげな歌についての、そうした古注釈に現われた伝説に基づいて作劇されたものかと思われる。

古くは、本曲のワキは僧形《そうぎょう》であったらしいが、現行の観世流ではふつう、旅の男としてある。これは、その旅の目的を伊勢参宮とすること、後場、漁夫の幽霊が成仏せずに終わることなどを睨《にら》んで、かれこれ合理解を施してあえて僧形を廃した江戸期の特殊演出に基づくものであるらしい。それが、いずれであれ、後シテが得脱《とくだつ》することを得ずして、地獄の呵責《かしゃく》に苦しみつつ、海底に引きずり込まるるがごとくに終わるところに、本曲の凄《すご》さがあることは、たしかに高く評価されてよい。

さて、下等な悲劇は、最初からベッタリと悲しい。下手な怪談は、幕開きから気味悪い。いずれも作劇の要諦《ようてい》を弁《わきま》えぬものというべきである。

能の作劇の確かさは、ここのところである。一つの主情に対しては、必ずといってよいほど、それにまったく相対する景物が用意される。『道成寺』や『藤戸』が、その幕開きで爛漫《らんまん》たる春の景色を描き、『融《とおる》』が凜冽清爽《りんれつせいそう》たる秋の風情を前半に配したごとき、みなそうである。すなわち、妄執というようなドロドロしたものに配するに、かならずや明朗清澄なる叙景を以てする、ここに能の作劇上の、優れた特性が認められるのである。

さて私は今、ここではとくに本曲の中入前後について述べようと思う。

前シテは、すでに阿漕の亡霊なることを明らかにした。その消え失《う》せる直前……。日も昏《く》れようとして、漁火《いさりび》が点々と灯《とも》る。この時、それまで霧立ち込めていた海の面《おも》が、サアッと晴れわたるのだ。この一瞬の呼吸、と見るまに、疾風とともに海面《うみづら》は暗く荒れて、亡霊の前シテは、忽然《こつぜん》として波間に消え失せる。

そして後場にかかる。

待謡《まちうたい》に応じて、後シテの亡霊が迷い出る。この出端《では》の謡の、薄気味悪い節遣いに留意したい。暗い水底からユラユラと浮かみ出《い》ずるさまかと聞きなせる屈曲した謡。中入前の一瞬、懐かしい漁火を点出した、そのことが後場のこの暗澹《あんたん》たる亡魂《ぼうこん》の出現を一層凄《すさ》まじく見せている。ここにも上等の作劇術が躍如としている。

平板な伝説をこういうドラマトゥルギーによって見事に立体化した手腕、確かな叙景の筆、この作者未詳の一曲が、今日しばしば上演されるのも、理由のないことではない。

それゆえ、本曲のごときは、具象的な型にばかり目を奪われていては、結句良いところを見逃してしまうかもしれぬのである。

# 安達原　あだちがはら

中世以前、おしなべて「文化」は京都にしか存在しなかった。そういう時代の都人《みやこびと》にとっては、都以外の所は「鄙《ひな》」という、いわば別世界なのであった。この「鄙」という語には、都に比しての後進地域という蔑視《べっし》的な気持ちはもちろんあったが、そのほかに、「京都にはない珍しい事物のあるところ」という、なにか憧憬《しょうけい》にも似た心持ちも含まれていた。これを「鄙の風流」といっている。都近いところでいえば、須磨・明石にまつわる優艶《ゆうえん》な諸伝説など、その好個の一例である。が、その本格は、やはり「あづま」にあった。この「あづま」に寄せる興味は、『古事記』の日本武尊《やまとたける》の東征や、『万葉集』東歌《あずまうた》、『伊勢物語』「東下《あずまくだ》り」の段など、古くより幾多の結実を見ることができる。そうして、この興味の延長上、さらにその奥なるところに「みちのく」（道の奥）があったわけである。

奥州となると、この「鄙の風流」の本場と目されていたらしく、都人が果てしない好奇心を寄せた、多くの伝承があった。「信夫文字摺《しのぶもじずり》」「けふの里の錦木《にしきぎ》」「殺生石《せっしょうせき》」「遊行柳《ゆぎょうやなぎ》」「塩竃《しおがま》の浦」等々、いちいち挙げてはきりがない。

これらは「歌枕《うたまくら》」という形で固定して、その実体は全然分らぬままに、ただなんとなく、美しく奥床しく想像され、ほうとした情調に彩られた何かとして、都人を魅了し続けたのである。

そこでこうした伝承の多くは能に脚色されたが、本曲『安達原』も、そうしたエキゾチックな異域の伝承に材を取った曲の一つである。

福島県二本松《にほんまつ》市近く、今も残る「黒塚《くろづか》」という地に、なぜかは知らねど、人喰《く》いの鬼婆《おにばば》があった、と伝えるのである。もっとも、こういう話は、江戸の近く（浅草一ッ家《や》の鬼婆）や京の外れ（羅生門《らしょうもん》の話）にもあって、珍しいものではない。したがって、人喰い婆それ自体よりも、安達原という場所のほうに曲としての「めずらしさ」すなわち風情があるのである。

この黒塚の伝承は『大和物語』や『拾遺集』にもそこに材をとる古歌が出ているくらいで、よほど名高い話柄であったらしい。つまり誰でも知っている話だったとも言えようか。

しかし、本曲の作者は、それを単なるオカルト的な恐怖物語として作ったのではない。そこがこの能の傑作たる所以《ゆえん》なのだ。登場からすぐに強調されるシテの女の性格は、業《ごう》を負うた罪深い生きざまに絶望し、悪しき輪廻《りんね》を絶ちたいと願っている、哀しい無力な者のそれである。女は、好んで人肉を食らうのではない。苦しんで、悩んで、それでも絶ち難い煩悩が、そうさせるのである。

安達原　足立禮子

ともあれ、この安達原の淋《さび》しい一軒家に、熊野《くまの》の修験者《しゅげんじゃ》一行が宿を借りるところから本曲は始まる。とっぷりと日暮れて、人気もない草原に、ポツンと一軒の灯が見える。そこに糸車（枠桛輪《わくかせわ》）を手繰《たぐ》る一人の孤独な女（前シテ）が居る。

この女の営む「賤《しず》の手業《てわざ》」即ち「枠桛輪」を見とがめて、ワキが「あら面白《おもしろ》や、さらば夜もすがら営《いとの》うで御見《おんみ》せ候へ」などと言うのは、今日の作劇法からすれば、全く意図の知れないセリフであろうが、昔の都方の人々における「鄙の手ぶり」に対する好奇心が、こういうセリフを思いつかせるのであって、鄙の曲には欠かせぬファクターであったろう。と同時にまた、それには、果てしなく身を心を苦しめる輪廻《りんね》煩悩《ぼんのう》を象徴する意味があるに違いない。

ところが、この女が、妙に「生きていることは恥ずかしい」というような様子を見せる。それが、この前シテの絶望する無力な性格を暗示する科白《せりふ》であって、すなわち後場への一伏線でもある。能の鬼女は、決して初めから害意をもっているのではない。前シテは「かかる浮き世に明け暮らし、身を苦しむる悲しさよ」とうたうのを見ても分るごとく、この凄惨《せいさん》な生の早く尽きて、餓鬼道の苦を免れんことを願っている。それゆえ、山伏の前に現われて、後世《ごせ》を願おうとするのである。

やがて女は「くれぐれも部屋の中をのぞかぬように」と釘をさして、山へ薪を取りに出てゆく。こういうタブーは、「鶴女房」、「鶯《うぐいす》姫」、など類例の多い伝統的な禁忌の型であって、これを破ると、異類の者はその本性を顕《あら》わさねばならないというのが約束事になっている。さて、例によって、タブーは破られる。そこに修験者たちが見たものは、累々たる屍《しかばね》、その腐汁、汚臭、まことに目も当てられぬ光景であった。

かくて、鬼女が出現する。

してみると、前シテは、こういうあさましい「人喰い」の罪障から救われようとして修験者の前に淋しく現われたのでもあったかと思い当るのである。それが、破禁によって否《いや》応《おう》なく本性を暴かれてしまった。生まれ変りたいという願いは、空しく破られた。それが、この後シテの「恨めしさ」の本質にほかならない。またもやあの罪深い渡世に女は帰ってゆかねばならぬ。

すると、自分を救ってくれるはずだった仏の力は、却《かえ》っておのれを退治する力となって、迫ってくるのであった。悲しいではないか。そういう綿々たる恨みが後シテの心事で、荒々しい鬼というのとは違う。むしろ、内向し、無力で、未練で、悲しく、悔しい。そうして、その心根《こころね》の少しも癒《いや》されぬまま、嵐の音とともに、鬼は去ってゆく。しかも、その追い払われていく鬼女の最後の言葉は「浅ましや、恥づかしの我が姿や」というのであるから、そこに私は本曲の奥の深さを感じずにはいられない。かくて、この曲は前後首尾一貫して、一つの主題を完結せしめるのである。

この曲には「白頭《はくとう》」という小書付きの演出がある。その場合は前シテがすでに白髪の老女として造形されるために、八百比丘尼《はっぴゃくびくに》のごとく死ぬに死ねない苦しみを強調して、女の絶望はいよいよ激しい。それに呼応するように、後シテの出は「急進之出」といって、切羽つまってタタタタッと飛び出してくる形をとる。それだけつまり、感情の起伏が激しく深く演出されるわけである。

# 敦盛　あつもり

『平家物語』に描かれる平家の公達《きんだち》は、皆とりどりに魅力的な中に、若々しく貴《あて》なることでは無《む》官《かん》の大夫敦盛にまず指を屈すべきであろう。血腥《なまぐさ》い戦場にあって、わずか十六歳の凛《りん》たる貴公子が敢然と死を賭《と》して敵に立ち向かうところも見事ならば、それを我が子に引き較べて何とか逃がしてやりたいと思う源氏方熊谷直実《くまがいなおざね》の人間味もまた、この物語の読ませどころになっている。

『平家物語』には、こうある。

直実が一《いち》ノ谷《たに》の波打ち際に討って出て、見れば沖の船を目指して海中に乗り出した一騎の武者が見える。直実は叫んだ。

「まさなうも敵にうしろをみせさせ給ふものかな。かへさせ給へ」

すると、敦盛は死を決して汀《みぎわ》に駆け戻ってきた。しかし、百戦錬磨の直実を相手にしては、かなうはずもない。直実はたちまち敦盛を組み伏せ、首を取ろうとしてふと見ると、ちょうど息子と同じ年配の美しい若武者である。心優しい直実は息子の姿を思い出して、とうてい首を斬《き》る気にはなれないのだった。

敦盛　桜間辰之

「抑《そもそも》いかなる人にてましまし候《そうろう》ぞ。なのらせ給へ、助けまいらせん」

直実はそう言葉をかけるが、敦盛は、それをいさぎよしとしない。そうこうするうちに、源氏の軍勢はすぐ背後まで迫ってきた。もはや助けるすべはない。直実は、他の者の手にかかるよりはと、意を決して、敦盛の首を打ち落とすのだった。

この爽やかな読後感を、そのまま後日譚《たん》の形で能に移さんとしたものが本曲であろう。直実は、やむを得ずその手に敦盛を討ってから、出家の志ますます篤《あつ》く、今は蓮生《れんせい》という法師になっている。この、敵《かたき》同士でありながら、男らしい心ばえで結ばれた二人が、その戦《いくさ》ゆかりの一ノ谷で再び見《まみ》える。一は僧形、一は亡魂として。

前シテが草刈として現われるのは、「用明《ようめい》天皇草刈笛」の説話（むかし、用明天皇は、真《ま》野《の》の長者の姫を恋い慕い、みずから草刈の男に身をやつして姫に逢瀬《おうせ》を遂げた、という説話。中世から近世にかけて、色々な物語や戯曲に脚色されて出てくる有名な話である）を借りて、流浪の貴公子の面影を添える料《りょう》であろう。

後場、明日は死ぬと決まった夜に悠々と管絃に遊ぶ平家の陣、そういう「亡《ほろ》びゆく者の美」を、亡魂の敦盛は再び中之舞《ちゅうのまい》の形で現じて見せる。ここに、中之舞を配した異例の修羅物としての本曲の働きがある。

それればかりではない。その前のクセなども、詞、節、舞、いずれもしみじみと哀切で面白い。こころみに、声を出して朗々と読み上げてみるとよい。この文章がいかに日本語として見事であるか、おのずから感得されるに違いない。

げに世阿弥は天才であった。

なお、小書「二段之舞」は、中之舞を二段で絶って、慌ただしく船に乗るさまを強調し、一方前場《まえば》は花籠《かご》に鎌の出立《いでた》ちで一段の彩りを添えるのである。

# 海士　あま

本曲は形としてはいわゆる「複式能」になっているが、そのじつ、演劇的にはほぼ前場だけで主題は言い尽くされているとみられる。

古い曲で、世阿弥以前から存在したことが知られているが、おそらく『志度寺縁起《しどじえんぎ》』として伝えられる海士の珠《たま》取り伝説を演劇化したのであろうと推量される。

藤原の房前《ふささき》大臣は、その父淡海公《たんかいこう》が志度の海士と契って生まれた子であった（これもまたずいぶん荒唐無稽《こうとうむけい》な設定ではあるが、こういう御落胤《ごらくいん》説話という型の話も、昔から今に至るまで日本人の遍《あまね》く好んだ話のスタイルだったのである）。

さて、淡海公の妹后伯女《こうはくにょ》が唐皇帝の妃《きさき》となった縁《えにし》で、唐から贈られた三つの宝があった。華原磬《かげんけい》、泗濱石《しひんせき》、面向不背《めんこうふはい》の珠、の三つである。この面向不背の珠だけが海中の龍王に奪われたので、淡海公はそれを取り戻すべく志度に下って、所の海士と契ったというのがそのわけであった。

海士は命にかえて海底の珠を取り戻したが、その亡霊が、後にその十三回忌に下向した

海士　津村禮次郎

房前大臣の前に、再び海士の姿となって現われるのである。そうして海底の珠を取り戻すところを再現してみせるというのが、前場のクライマックス、いわゆる「玉之段」である。ここにはかなり血腥《なまぐさ》い描写があって楽しい内容ではないが、親子の恩愛をバネとして静かな悲しみに昇華し切っているのが救いというものであろう。ここが、なんといっても本曲の見せどころ聞かせどころに相違なく、それが終わってしまってからの後場はやや付足しに近い。

しかるに、それが龍女《りゅうにょ》の形に造形されたのには理由がある。本来仏教では女は罪が深く成仏出来ないと教えるのであるが、ただ一つの例外は『法華経』巻八「龍女成仏《りゅうにょじょうぶつ》」という典拠で、古今の女たちの心のよりどころとなっていたのである。要するにそういう聖経《しょうぎょう》の趣旨を具体化したにすぎないので、「龍」という文字に特別の意味があるとは思われない。

小書「クロツギ」の時は、後場早舞《はやまい》の型が一部変更され、橋懸りへ入っての所作が加わる。

# 一角仙人　いっかくせんにん

本曲のシテは、昔の間狂言《あいきょうげん》（現在では中入せず、したがって間狂言はないのがふつうの演式だが、古くは、型どおりの中入間狂言があったのである）によれば、その出生からして、いささか猥雑《わいざつ》な人獣交配の結果として生まれた怪仙人である。なにしろ、天竺《てんじく》の波羅那《はらな》国の仙人が、鹿の夫婦が交尾するのを見てついオツな気分になり、うっかり草の上に精液を漏らしてしまった。ところがその草をば女鹿が喰《く》ってしまったために、鹿と人の混血児を孕《はら》んでしまった、というのだから、これはただごとではない。

けれども、それが汚れた異形《いぎょう》である分だけ、逆に神通異能の持主であって、つまりは、この仙人は行ない澄ました「神仙」ではなく、本来、欲情と通力《つうりき》の二律背反を内包せる、脆《もろ》い存在にすぎなかったのである。この一角仙人の面や姿の、何だかいかがわしげな風姿は、その内面の矛盾の形象化にほかならない。

さて、この曲の大筋は単純で、要するに、その怪異の仙人が、龍神を岩屋にとじこめてしまったため、雨が降らない。困った帝《みかど》が旋陀夫人《せんだぶにん》という絶世の美女を遣わして、その色

一角仙人　（ツレ）内田安信　（シテ）粟谷新太郎

香と酒で仙人を迷わせ、以てその通力を破ろうと計略を立てる。そして、その通りになる、という話である。

考えてみれば、彼の出自からして、この仙人が女体の艶色《えんしょく》と酒の魔力とに容易に敗れるのは、理の当然であった。一角仙人は帝の計略に敗れるのではなく、むしろ自分自身に敗れるのである。

こういう形で通力（いわば彼にとっての理性であるところの）が麻痺《まひ》してゆく時の快美は、しかしまた、えもいわれず美味しい毒であって、それが旋陀夫人と相連れて舞うところの所作ごとの意味するものであろう。

ところで、一角仙人は特殊の存在であるが、この麻痺してゆく理性の快美は、人間に普遍のものである。その結果、アッしまった、という結果が訪れるのであるが、こうなっては多くの場合とり返しがつかない。それが龍神に敗れる仙人という形で図式化されるのである。

恐ろしい話ではないか。

# 井筒《いづつ》

『伊勢物語』が、どれほど往時の日本人に愛好されていたか、現代人にはちょっと想像のほかであろう。

その物語は、愛すべき恋愛小話の集積で、読めばすぐに理解でき、覚えることができた。げに、『伊勢』は、江戸時代以前における日本最大のベストセラーであった。

なかにも「筒井筒・立田山の段」などは、一段と人口に膾炙《かいしや》したのである。

あたかも、漫画の『タッチ』に描かれるような幼馴染《なじみ》の男女が、やがて長じて互いに「男」と「女」であることを意識し、恥じらいの気持ちを抱くようになる。これが恋の始まりであった（いいですね、こういう話！）。その時に言い交わした歌が、有名な

筒井《つつい》つの井筒《いづつ》にかけしまろがたけ
　過ぎにけらしな妹《いもみ》見ざるまに

くらべこし振分髪《ふりわけがみ》も肩過ぎぬ
　君ならずして誰《たれ》かあぐべき

井筒　瀬尾菊次

という一対の贈答であった、というのだが、この歌も本来は民謡のような伝承歌であって、こんな恋物語とは別段な関係もなかったのであろうと想像される。で、彼と彼女とは大きくなって結婚した。しかし、やがて女の親が死ぬと（つまり女の経済的後ろだてだった親が死んだということである）、そのままではジリ貧だというので、男は河内《かわち》の国の高安《たかやす》というところの裕福な女のもとへ通うようになった。つまりは浮気をしはじめたのだ。しかし、この幼馴染の妻は、じっと我慢をして、何も文句を言わずに男を出してやる。

ところが、男は、しようもない奴で、こういうふうにやきもちも焼かずに自分を出してくれるというのは、きっと間男《まおとこ》でもいるのだろう、と邪推して、こっそり物陰から様子を見ていた。すると、妻には少しもそのような気配なく、

風吹けば沖つ白波たつた山
　夜半《よわ》にやきみがひとり越ゆらん

と男の身を案じる歌を詠んだので、男もすっかり後悔してその浮気の女のもとへは行かなくなった、とそういうのがこの「筒井筒・立田山の段」の一部始終である。

そうして、この立田山の歌もまた、本来はこの説話とはなにも関係のない民謡だったかと思われる。ともあれ、本来は、筒井筒の話と、立田山の話とは全然別個の民間伝承であったに違いないが、『伊勢』では一続きの話柄《わへい》に仕立てられている。まず、そういう脚色と付会《ふかい》は、物語・伝承の世界では少しも珍しいことではなかったのである。

それを有常《ありつね》の娘と業平《なりひら》の恋としたことも、当時流通の講説や注釈に基づく俗説であったかと思える。いずれも根拠のないことであるが、そんな詮索《せんさく》はどうでもよい。

いずれにせよ、『伊勢』をよく読み知っている人たちにとって、その才子佳人の物語を、演劇として目《ま》のあたりに見てみたい、そう思うのはけだし当然の事であったろう。

ならば、それをば、滅び去った大昔、と設定し、女のほうの亡霊に、男の亡霊をのり移らせて、これを一人の人格上に二重映像で見せよう、という趣向が本曲の眼目である。

大昔のこととしたのは、無常感を一つのモチーフにしたからであろう。「美」は、ことごとく無常である、それは古今の真理である。否、滅びる故にこそ美しいのだ。

こうして、文言《もんごん》も節付《ふしづ》けも、ただただ、仄《ほの》かに懐かしく、どこにも荒々しいところのないままに、憧れの古物語が彷彿《ほうふつ》と空間化される。

だから、『伊勢物語』を知らない、では『井筒』を見ても仕方がない。

# 鵜飼　うかい

本曲を見ようとするとき、『阿漕《あこぎ》』が思い合わされるのは、けだし人情の自然である。なぜといって、いずれもその主題は、禁域に密漁して露見し、死罪に行なわれた漁夫の、その妄執《もうしゅう》というところにあるからである。

ただし、その曲趣は決して同巧ではなく、ある意味では、対照的であるとさえ言い得る。というのは、『阿漕』にあっては、亡霊はついに成仏得脱《とくだつ》を得ぬままに、奈落《ならく》に引きずり込まれるごとく凄まじい終わりかたをするのに対して、本曲は、日蓮《にちれん》上人らしく印象されるワキ僧の法力、そしてまた『法華経』の功徳によって一挙に得脱の身となるということになっている。それをしかも、後場、閻魔《えんま》大王《だいおう》が出て、法華問答のスタイルであからさまに示してみせるわけである。

いわば、すっかり楽屋《がくや》内《うち》を見せてしまう形である。したがって、この後場は阿漕にない強さ、平明さを曲趣として添えるのであるが、作劇上は、さまで重要な部分とは思われない。

鵜飼　浅井文義

やはり本曲の中心は、「鵜《う》の段」にあると見るのが当り前であろう。「鵜の段」はこの漁師が生前に犯したもっとも重大な罪である「鵜飼」の所業を、ありありと再現して見せる形であるが、阿漕と違って、それが地獄の責め苦とオーバーラップしたりはしない。

それどころか、その面白さについ夢中になってしまって、ハッと気がつくと、月の出とともに奈落に帰る時を迎えていたという展開をたどるのである。

そうして、亡霊は、「闇路《やみじ》に帰るこの身の、名残惜《なごり》しさを如何《いかん》せん……」と返すがえすも名残惜しげに中入して消えてゆくのである。ここにこの曲の、阿漕には無い遊興的風趣と、ある種のリアリズムを……、すなわち「人の心の優しさと弱さ」といったものを読むべきであろうと思われる。

# 歌占《うたうら》

能二百余番のうちでも、この曲ほどシャマニズムの色彩の濃厚なものもあるまい。

そもそも、シャマニズムの主体をなす「シャーマン」と呼ばれる巫人《ふじん》は、三つの条件を具《そな》えているのが普通である。すなわち、
(イ)何らかの形で意識を失って、象徴的な「死」を体験する。これをエクスタシーという。
(ロ)蘇生して、そこで人格が変る。これを人格変換(パーソナルトランス)という。
(ハ)弓や太鼓などの採り物あるいは楽器を用いて、外来の精霊や神格などの憑依を起こす。これを憑依《ひょうい》(ポゼッション)という。
というのが、それである。

こうして彼ら(彼女ら)はある種の異常性を保ちながら、憑依状態の中で「神の託宣」を人間に伝達したり、その一形式としての舞踊歌謡などの芸能を見せたりしたのだ。芸能や文学は(そして医学や暦占なども)、少なくとも東洋では、そうしたところに発生の動

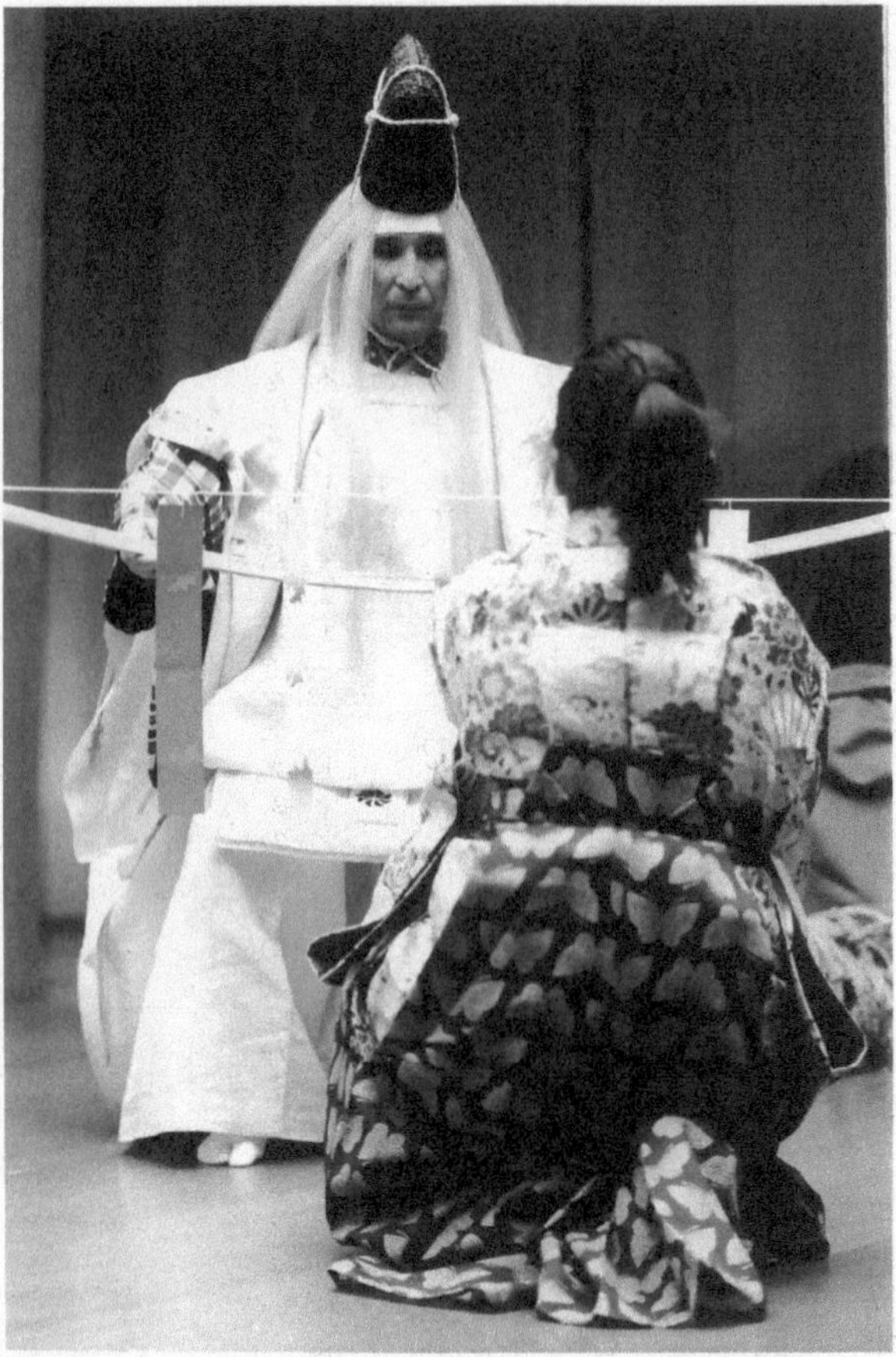

歌占　津村禮次郎　（子方）石井那由多

機があったのである。以上の説明によって、本曲の意味はすでに読み解けたであろう。いわば、本曲には、演劇化される以前の古いシャマニズムが、目に見える形で、驚くほど鮮明に写されているのである。

本曲は、観世十郎元雅《かんぜじゅうろうもとまさ》の作と伝える古い曲であるが、クセの「地獄舞《じごくまい》」の部分は、山本某という人の作に、南阿弥《なんあみ》の節付けであると伝えている。

この曲に何らかの典拠があるかないか、ということにはいまだ解決しない議論があるにしても、思うに、本曲のごときは、むしろ元雅らの実見した巫人（シャーマン）たちの姿を活写したものではなかったか。したがって、現代では一見荒唐無稽《こうとうむけい》に見えるこうした設定も、当時の人々にとっては、至極自然に納得されるものだったはずと推量される。

白髪の不思議の巫人、伊勢の国の度会《わたらい》某を主人公として、別れた父子の邂逅《かいこう》という元雅得意の世話物的趣向に作り、嬉《うれ》しい父子再会の大団円に、却《かえ》って刺激の多い「地獄舞」をはめ込んで、もってメリハリを付けたのである。

こういう曲は、われわれの血肉に潜む先祖たちからの、記憶をたどりながら、精霊たちの世界を追体験するつもりで見ていくのがよい。すると、キリの「憑《つ》き物」が落ちる瞬間など、おそらくフッとした懐かしさを覚えるはずである。

# 江口《えぐち》

江口の素材となった説話は二つである。一は西行《さいぎょう》法師と江口の遊女との和歌贈答説話、他は性空《しょうくう》上人が室《むろ》の遊女を生身《しょうじん》の普賢《ふげん》と拝する話である。話はともに『撰集抄《せんじゅうしょう》』に出る。いずれも、僧が遊女に法《のり》を教えられるという共通のテーマをもっているので、本曲では

江口 （シテ）香川靖嗣 （ツレ）中村邦生 （ツレ）井上雄人

ひと続きの話に仕立てられている。

遊女のような卑賤《ひせん》の者がすなわち悟道者であるとか、進んでは生身《しょうじん》の菩薩《ぼさつ》であるとかいうことは、一見しては不思議な取り合わせのようであるが、じつはそうではない。遊女は、古くは一種の巫女であって、その職能として、芸能（＝アソビ）をする者であり、その芸能はまた、本格には神仏の格を帯びるのであったから、かかる説話の生まれてくる理由はたしかにあったのである。

両話の舞台は、江口と室津《むろつ》、共に往昔《おうせき》の大港《おおみなと》であった。例えば、井原西鶴《いはらさいかく》の『好色一代女』などにも登場するけれど、淀川河口には「舟比丘尼《ふなびくに》」と呼ばれる「舟に乗った遊女」がいた。これは、ずっと近い頃まで残っていたのであって、宮本輝《みやもとてる》の小説『泥の河』に登場する舟の女なども、本来はこの伝統を引く者である。彼女たちは、尼の姿をして芸をしたことで知られ、本曲のシテなども、本来はそういう者の面影を宿しているのであろう。

後場、舟の作り物が出て舟逍遥《ふなしょうよう》をするという設定など、そのあたりの消息を暗示しているのである。

要するに一曲のテーマは、西行が仮の宿を乞《こ》うたのを、江口の君が一たびは拒んだのは、物惜しみのためでなく、一夜の泊りが出家の素志《そし》を妨げんことを惜しんでのことだったということを再確認するために、その亡霊が出現し、やがて普賢菩薩となって、舞（序之舞）を舞って見せる、というところにある。仏教的唱道と芸能の融和がなにしろ見どころであって、長い曲であるが、風趣に富んで退屈させない面白さがある。

# 絵馬 えま

農耕の民なる日本民族にとっては、歳々《としどし》の豊作こそ最大の所願であった。そうして、そのために神を祀《まつ》り、幾多の供物《くもつ》を奉った。各地の有力な神々に神馬《じんめ》を奉納するのもこのゆえであったが、それを形式化したのが絵馬の献納であるらしい。本来は豊作をもたらす神の御召馬《おめしうま》を奉って、田圃《でんぽ》に実りの降《お》り来たることを祈ったのである。

さてまた、農耕の民には、日照と降雨とが不可欠であった。これを陽と陰の調和と見、男女すなわち夫婦の相和する姿になぞらえて、その和合の行為（つまりは性行為にほかならない）を見せることによって、神秘的生産力が作物に乗り移ることを期待したのである。なにぶんとも、相手は神様なのだから、人間の方からこうしろああしろと命令するわけにはいかない。ただできることは、神様の御前を清めつつ、贈物を奉ってご機嫌を取り結ぶ一方で、ついつい神様がその気になってしまうような行為を「真似て見せる」ことによって、それがしぜんと感染するようまじなうことだけだったのである。これを民俗学のほうの言葉では「かまけわざ（神がついいそれにかまけてしまうような行為、の意）」というのだ

絵馬　喜多節世

が、祝言曲に折々夫婦を詠じ、その陰陽の和合を謳《うた》うのもじつはこの訳である。本曲もこの例に漏れぬので、前場はただ陰陽の対立から和合への道筋を絵馬を借りて表したに過ぎない。

前シテの老人は日の恵みを象徴する白馬の絵馬を、その妻らしい老女は雨の恵みを象徴する黒馬の絵馬をかける、と言って争うが、結局シテの提案で両方一緒にかけようということになる。前場はただそれだけの、ちょっと考えるとばかばかしいような筋立てだが、それには、以上のような背景が横たわっているのである。

そして後場は、天の岩戸の伝承を像《かたど》って天照大神《あまてらすおおみかみ》の光臨を見せ、寒冬のきわまって一陽来復する春の祝意を陳《の》べたのであろう。

その主眼はもちろん神々の豊穣《ほうじょう》の舞、いわゆる「神遊《かみあそび》」の形象化にある。流儀によってシテとツレの設定には各種の演式があって一定しない。が、いずれにせよ、かかる神事芸能こそが最本格の「あそび」だったのである。能ではすっかり芸術化されているものの、民族の古い農耕儀礼の、のどかな畏《おそ》れと喜び、それを神とともにしようとするところに本曲の真面目《しんめんぼく》があるので、細かな演式には拘《こだわ》らぬことと見える。

# 老松　おいまつ

昔、有名な太宰府《だざいふ》の飛梅のかたわらに、連れ添うように一本の松の老木があったという。これが本曲のシテ「老松」である。そうして、かの神木「飛梅」をば、太宰府では「紅梅殿」として崇《あが》めていたということである。

現行のツレは若い男であるが、昔からそのように決まっていたものではないらしい。現行の演式では後ツレは出ないが、「返留之伝《かえしどめのでん》」という小書《こがき》が付くときは、紅梅殿を後ツレとして出すことになっている。後シテが、出のところで「いかに紅梅殿」と呼びかけるのは、後ツレが出ない現行の形では、いかにも不自然で、むしろ小書式の演出が本来であったかと考えられる。そこでは紅梅殿は女体なのであるから、古くは前ツレも若く瑞々《みずみず》しい女の形で出たものであろう。

そうすると、この曲は、男女一対の人物を主人公とするわけで、本質的には『高砂』と同じ構造に帰するのである。

したがって、道真の左遷とか、飛梅の故事とか、菅原道真《すがわらのみちざね》にまつわる伝説そのものは、

老松　藤村健

じつは本曲のテーマではない。ただ、そういう有名な道真の伝説をかりて、祝福の気分を造形しようとしたのにほかなるまい。げに、春の祝言としては梅花馥郁《ふくいく》たる太宰府はいかにもふさわしく、麗しいではないか。

こうして、祝言の中にも必ず美しい言葉のイメージを盛って、見る人に心からの充足を与えるというのが作者世阿弥の非凡さであるが、その一方で、色変えぬ老い木の緑を鮮やかに対比せしめて、老人のもつ強い生命力を際立たせる、ここに本曲の本当の意味がある。翁舞（老人の姿の芸能者が舞を舞う）、わび歌（『古今集』などに多く見られるが、老人がその老いを嘆く類型の歌をこういうのであるが、そういうことによって一方で長寿を強調する呪術的な意味も含む）、そういう老人の芸能が共通に果たしてきた祝言の呪術《じゅじゅつ》、それから『高砂』、『絵馬』といった男女一対の謂《い》わば生産力の祈りといったもの、いずれも一年の生産の始発点である春の芸能にふさわしい。

しかし、現行の形では生産の祈りのほうはほとんど消滅して、もっぱら長命の呪力が強調されるのは、いささか惜しいような気がせぬでもない。

# 翁 おきな

能を五番立てにして一組と考えるとき、その最初に置かれるのがいわゆる「脇能」であって、これは言うまでもなく神物であるが、それを「第二番目」を意味する「脇」を以て呼ぶのは、本来その前に演ぜられる『翁』に対してのことである。

ごく古く、勧進能《かんじんのう》などの形で、晴天何日とかいうように能が行なわれていた時分には、毎日その演能に先立って舞台の清めと祝福のために『翁』が舞われたのであるらしい。

しかも、初日は一番重く荘重な詞章の式により、二日目三日目四日目とそれぞれ異なった様式で上演したほか、各種の特殊演出があって、今よりは遥かにしばしば行なわれたのである。

現在では、なにか舞台開きとか、特別の場合でもなければ初日の式は行なわれず、通常は「四日目」の式を以てするのが例である。

『翁』は、全く通常の能とは違っていて、いわば演劇性のようなものはどこにも認められない。そうして、例えば舞台の構成にしても、囃子方《はやしかた》地謡などが素袍《すおう》に烏帽子《えぼし》の古風な出《いで》立《た》ちで勤め、小鼓が三丁で賑《にぎ》やかに囃し立てるとか、地謡が囃子方の後に居流れるとか、目に立つことが少なくない。しかも、詞章そのものが如何《いか》にも難解でなにやら暗示的・呪《じゅ》術《じゅつ》的なために、その祝言としての神聖性とあいまって、段々に神秘化され、各種の俗説を生んでかえってその本来の意義を見失ってきた嫌いがなくもない。冒頭の「とうとうたらり……」も、古くは河口慧海《かわぐちえかい》のチベット語説をはじめとして、能勢朝次《のせあさじ》の『法華五部九巻書《ほっけごぶくかんじょ》』典拠説等、みなこの類であって、とうてい正鵠《せいこく》を射たものとは言いがたい。

しかし、じつは、本曲はわれわれの祖先がまだ純然たる農耕の民であった時代の、素朴な愛すべき祈り(呪術)に満ちていて、決して理解を絶したものではないのである。最初の「とうとうたらりたらりら……」の部分は、古くはドウドウタラリ……と濁って謡っていた。これは、ドンドンという太鼓の音とオヒャラーリというような笛の唱歌の真似であって、ごく単純にいえば、芸能団の乗り込みの前触れとでもいうべきものだから、どこか別段ムツカシイ呪文などではない。昔は、祝言の芸能をもった、翁舞《おきなまい》の芸能団が、どこか遠いところから繰り込んできたのである。彼らは、だから遠来の精霊であって、しかも、その本質をたずぬれば、われわれ自身の祖先の魂の形象化にほかならない。

私のほのかに想像するところでは、大昔には、舞台の正面の「白州梯子《しらすばしご》」というものは現在のように常設されていたものではなく、この翁の乗り込みの時にだけ、架け渡されたものではなかろうかと思われる。そういうことはすでに折口信夫《おりくちしのぶ》も示唆しているけれど、

翁（三番三）　山本則俊

江戸時代の能の本などをみると、通常舞台の絵には梯子はなく、翁の場面にだけ歴々と梯子が架かっているのなどを見ることができるから、これはあながち根拠のない妄想でもないのである。

さて、このところでは、まだ太夫《たゆう》は直面《ひためん》で控えているに過ぎないので「翁さび」てはいない。

それから、千歳《せんざい》という若者の謡と舞があって、老人と対比せられる若人《わこうど》のみずみずしい生命力が躍動する。

この間に太夫は翁の面を着し、いよいよ「翁さび」ての翁の芸能に移ってゆく。「総角《あげまき》やとんどや……」のところは、ちょっとエロティックな催馬楽《さいばら》に由来する詞章をもち、ずっとそのおおもとをたどれば疑似性行為による豊かな生産の祈り、いわゆる「かまけわざ」というものに帰する。これはつまり、田の神様が、人間どもの「まぐわい」を見て、ついその気になり(=かまけてしまい)、実りをもたらしてしまう、という呪術をいうのである。

それに続いて、千年の鶴とか万年の亀とか謡うのは、そういうものをさえ、ずっと見尽くしてきた、この老人の信じ難い長命のその来歴を言い立てて、以てそれにあやからせようという呪術である。

それから翁舞、これは「神楽《かみがく》」と言われて、舞台の隅々まで踏み鎮める所作に最も大切な意義がある。その形而上的《けいじじょうてき》な意味は、たとえば相撲のシコ踏みなどとあい通ずるわけである。やがて千秋万歳《せんしゅうばんぜい》と舞い納めて「翁」の部分は終わる。

翁が幕に入ってしまうと、狂言方が活躍する番になる。翁の間はただじっとしていた大鼓《おおつづみ》がにわかに拍子を刻み始めると、「揉《も》みの段」と言われるはなはだ拍子踏みの多い、速く浮き立つような所作に入る。これは、翁の「神楽」に対応するもので、そのしげく踏み廻《まわ》る所作が、地を踏み鎮め豊かな実りを祈る「鎮魂」の呪術なのである。

その後、黒い顔の老人の面を着して、いわゆる「三番叟《さんばそう》」(流儀によっては「三番三《さんばそう》」とも書く)の舞になる。途中から鈴を手に取って舞台中隈《くま》なくなにかを「振り付けて」回るのはこれまた申すまでもなく、豊年の祈りの象徴的な形である。ススキとかスズなどの言葉は、みな稲穂麦穂などと同じもので、この「鈴の段」は本曲の中でも最も農耕的田園的な色彩の濃厚なものである。そうして、三番叟全体は、白い顔の翁に対して、すっかり黒い顔をし、その行為は翁に抗い、茶化し、しかしついにはこれに服従する精霊、すなわち「もどき」の典型的な者となっているのである。

かくて、遠いところから渡ってきた祖先の霊魂をかたどって、われわれに長命と豊作を予祝《よしゅく》する翁と三番叟は、春らしい目出度《めでた》い気分を残して舞台から去ってゆくのである。私たちは、なにも難しいことを考えずとも、ただその嬉しいめでたい気分を胸一杯に呼吸しておけば、それでよいのである。

# 小塩　おじお

『小塩』は、あまり出ない曲ではあるが、花の春と、美丈夫業平《なりひら》との取り合わせを趣向として、謡曲としてはなかなか面白い内容をもっている。全編ところどころに『伊勢物語』の歌句を鏤《ちりば》めたのは、王朝風の貴《あて》なる美を詠《うた》おうとする趣旨であろう。

さて、前シテが、年たけた老人であるという設定は、決して思いつきではない。『翁』の項でも少し触れたように、これは「わび歌」とか「翁舞《おきなまい》」とかいう芸能の形と必ずや関係があるであろう。

たとえば『翁』の神歌に「在原や、なぞの翁」という句がある。この「在原や」という文句が、なぜ突然に前後の脈絡もなく出てくるのかということは、『翁』の詞章の解釈上大きな問題点であるが、それは「在原」という名前を名告《なの》る「翁舞」の芸能団が存在したのだろうという想像を加えてみれば、必ずしも理解を絶したことではない。『伊勢物語』百十四段に次の歌がある。

小塩　喜多実

翁さび人なとがめそ狩衣
　けふばかりとぞたづも鳴くなる

これは『伊勢物語』の中では「昔男」すなわち在原業平の歌のように思われているけれど、『後撰集』では、はっきり在原行平《ゆきひら》の歌ということになっている。『古今集』の「わび歌」をみれば、業平あり棟梁《むねやな》あり、いずれ在原氏が、この方面にゆかりのあったことが想像される。たぶん、こういうことの背後には在原と名告る翁舞専門の芸能団が介在したのである。

業平にしろ、行平にしろ、在原氏は、美男の貴公子でありながら、老人になってからのことを問題にする場合が多いのは「翁舞」という芸能に関係があったものと考えれば、なるほど合点がいく。

在原と名告る翁芸の一団があって、いつも昔日の美男ぶりを詠じ舞って見せたからだ。おれは今ではこんなジジィだが、我も昔は男山、女たちが黙ってはいない、素晴らしい男振りだったのだぞ、それもしかし、昔のことだ、もうこんなヨボヨボになるまで、長い齢《よわい》を保ってきたのだ、と。かくて、美男のスーパースターとしての業平が形成されてくる。

そういう枠組みの中で、霞《かすみ》か雲かの大原小塩の花盛りを叙し、この老人に往昔の「男の花盛り」なりし時分を詠嘆させるよすがとしたのである。

後シテは、業平その人であって、凛々《りり》しい中将の面を付けた高貴な姿で現われてくる。しかしどこか愁いを含むのは、背後に無常を負うているからである。

舞台は、にわかに王朝絵巻風の絢爛《けんらん》さをもって彩られる。花の車もその一つである。が、一陣の風とともに、花の散ると見るや優しい夢は破れて、夢幻《むげん》の業平は消えて行くのである。

# 杜若
かきつばた

『伊勢物語』は日本の古典の中で最大の「ベストセラー」であった。とりわけ江戸時代には、『源氏物語』よりも『平家物語』よりも、人々にとって親しい古典世界が、ほかならぬ『伊勢物語』であった。それはつまり、恋の手本、歌の規範として、飽かず読まれたということであって、必ずしも「古典文学」として享受されたということだけではないのだけれど……。

本来、『伊勢物語』には、主人公の名前はあまり具体的には述べられていないのだが、長い享受史の中で、次第に具体化され、神秘化されていった。そしてやがて業平その人の実像でもあるがごとくに想像されるようになったのである。しかし、実際には、むろんほとんど全くフィクションである。

今日ではもう滅びてしまったものも少なくないのであるが、『伊勢物語』には、大小様々な注釈・講説などが存在していた。そういうなかで、主に中世の神秘的解釈によって、「昔男」は業平、「唐衣《からごろも》の妻」は二条《にじょう》の后《きさき》（高子《たかいこ》）等々と附会せられたばかりでなく、その

杜若　津村禮次郎

業平はじつは歌舞の菩薩《ぼさつ》の化身であったとかいうような本地垂迹《ほんじすいじやく》的な説までが行なわれていったのであろう。

さて、ところで、『伊勢物語』がいかによく読まれたとしても、そのすべてを等しなみに喜んだというわけではない。その数多いエピソードのなかで、とくに愛読せられた章段はあるていど限られていた。そうして、そのもっとも人口に膾炙《かいしや》したものが、本曲のモチーフとなっている「東下り」の部分である。いってみれば、本曲は、中世における神秘的『伊勢物語』解釈に立って、仏教的モチーフの上に、景物としての「八橋《やつはし》の段」（東下り）を形象化したのにほかならない。

そもそも、貴族的な（または神仙界の）出自の者が、なにらかの理由で（その理由の多くは男女の色恋の惑いであって、これを一般に「たわやめの惑い」と言っている）、都を下り、田舎へさすらっていく、という説話の型があって、これを総称して「貴種流離譚《きしゆりゆうりたん》」と呼ぶ。日本武尊《やまとたける》にしろ、光源氏にしろ、好色一代男世《よ》之《の》介《すけ》にしろ、また女ではかぐや姫にしろ、みなその型を抽象してみれば、同じくこういう種類の枠組みに属し、われわれのヒーローはたいていこの形で物語られるのである。そこに、流離する貴種の美男美女の哀れさを読んで、判官贔屓《ほうがんびいき》のわれわれの祖先は、涙をさえ流したであろう。これを能が見逃すはずはないのである。

しかも、なにしろ「東下り」は『伊勢物語』で最も美しい場面で、その景色としての美しさをいうならば、例えば光琳の「杜若図屏風」などを想像されるとよい。

いっぽうまた、杜若とか菖蒲とかいう種類の植物は、五月の節句に広く用いられているのを見ても分るように、それ自体霊力のある「神の憑る草」であった。杜若をかづいて芸能をする女芸能者たちもそこには想像され、本曲のクセ舞のごときは、たぶんそういう芸能者たちの伝えたものを取り込んだ形かと思われる。

本曲には特別な筋というほどのものはなく、諸国一見の僧の花を愛《め》でる心に感じて杜若の精が現われ、「物著《ものぎ》」で、高子の唐衣・業平の冠（初冠《ういこうぶり》の透額《すきびたい》の冠）を二つながら両性具有的に身に付け、舞の袖を翻《ひるがえ》して「伊勢物語のエッセンス」を濃厚に見せてくれるということに終始している。そこには、恋の恨みというような恋物語特有の情調はむしろ欠落して、その代わりに歌舞の菩薩の舞・草木国土悉皆成仏《そうもくこくどしつかいじようぶつ》といった形の淡い宗教性が宿されているのである。

こういうものを、たしかに「面白い」こととして作劇鑑賞したについては、以上述べたようないくつもの背景が、重層的に作用していたのだということを忘れてはなるまい。要するに、観能に際しては、『伊勢物語』の「芥川」「東下り」の両段を前もって熟読しておくことが当然の準備であって、それなくしてはこういう曲を面白いと思って見ることはかなわないと知るべきである。

# 花月　かげつ

例えば『隅田川』の、悲劇としての周到さ、ドラマとしての骨格の確かさに比べて、この曲の「親子対面劇」としてのおざなりさはどうだろう。わずかに曲の冒頭と中間にその劇としての枠組みがあっさりと描かれているに過ぎず、そこに感動を覚えるということはまず考えにくい。それは当り前で、ここに本曲の主題があるわけではないからである。

では、何が一体この曲のテーマかといえば、いうまでもなくそれは「美少年の芸尽くし」ということである。

本曲のシテは喝食《かっしき》という一種の稚児《ちご》で、これは本来、各地の寺院に付属して給仕等に奉仕するのを職務としていた者らしいが、中世にはすっかり堕落して芸能の徒となっていたのである。いっぽうで、戦乱に明け暮れた中世には、いわゆる少年愛寵《あいちょう》癖が蔓延《まんえん》していた。戦場に赴く武将のたしなみとして、女を同行するのは（男勝りの巴御前《ともえごぜん》のようなのは例外として）未練なる振舞いとみなされたからである。また、最近の生物学的研究によると、戦争が起こって人々の生活に死や危険の圧迫が加わると、胎児の成長過程におけるホルモンの

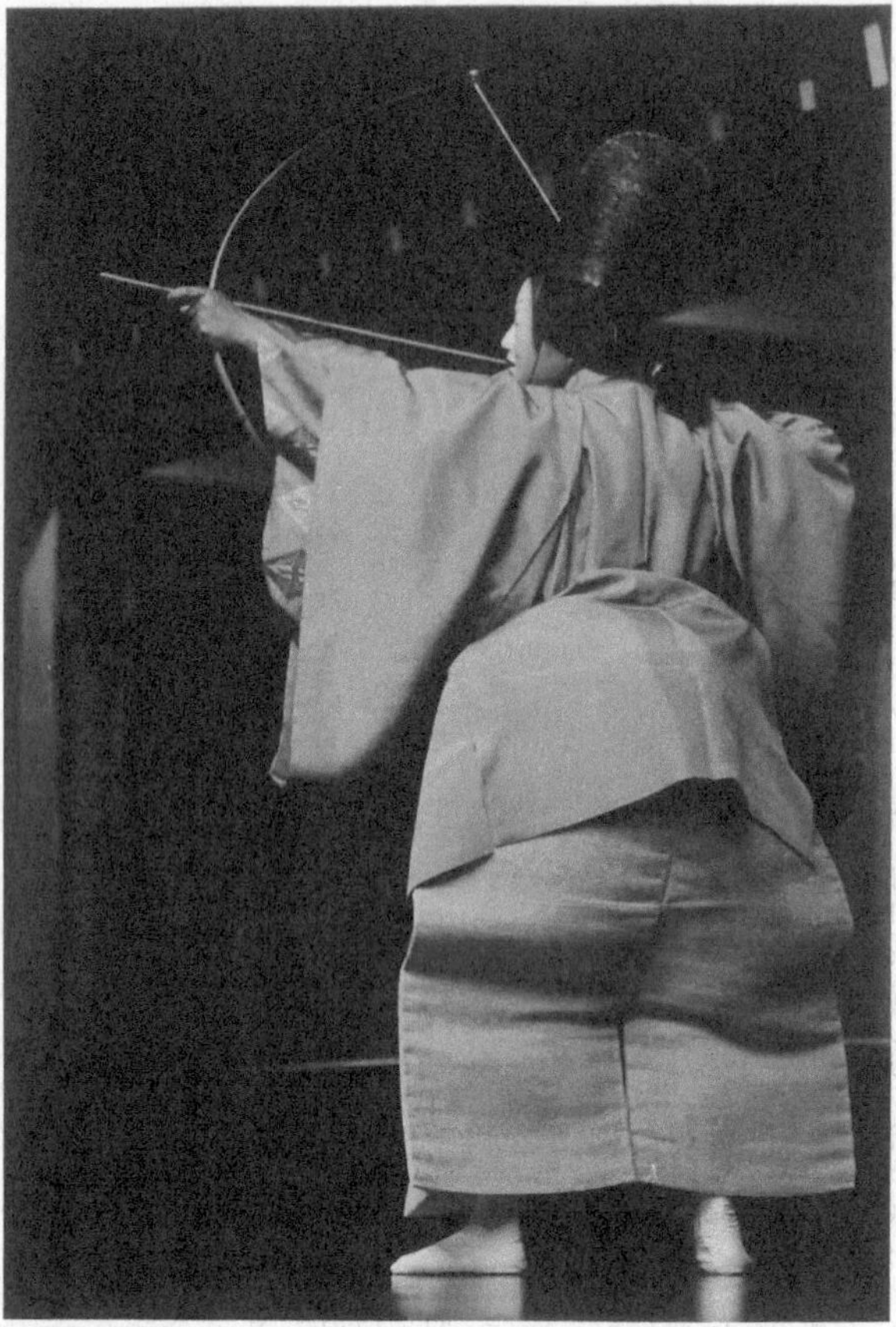

花月　藤村健

変異が起こって、先天的男子同性愛者が不可避的に増加するのだそうである。と同時に、暗い世相に対する救いとしての仏教も生活のすみずみまで浸透し、女人禁制を原則とする諸国の寺院でもまた少年愛がもてはやされていたのである。

ともあれ、中世とりわけ戦国の世には男子の同性愛は普通どころか、むしろ賛美すべきこととしておおっぴらに行なわれていたことを考えておかなくてはなるまい。

こうした風潮の中で、かかる美少年の芸を鑑賞する目的の曲が作られたことは、なんの不思議もない事柄である。それは仮に現代にたとえていえば、例のアイドル歌手などを主人公とする、たわいもない芸能映画みたいなものだとも言えようか。

花の盛りの清水寺《きよみずでら》、突然一人の喝食が弓矢を手に登場する。その名ノリからしてすでに、説教めいた語りの型になっていて、この曲がその少年の芸能尽くしであることを、予感させるであろう。

あとは、文字通り狂言回しの狂言方に促されて、次々と芸を披露して行くのである。

まず小歌「恋はくせもの」、次の鶯《うぐいす》を弓矢で射るいわゆる「弓の段」は明らかに軍記語りのパロディと眺められる。引続き「清水縁起《きよみずえんぎ》」のクセ舞と代わり、それが終わると型通りの対面場、それから「羯鼓《かっこ》の舞」となるがこれは「山巡《やまめぐ》り」の趣向となっている。

これだけあれこれと芸能を見せてくれれば、観客はそのことだけで充分満足したはずで、それ以上のドラマトゥルギーとしての性格など、まずどうでもよかったのである。

# 春日龍神　かすがりゅうじん

本曲は『古今著聞集《ここんちょもんじゅう》』に材を取るが、そのじつ、原典とはずいぶん趣が違う。栂《とが》の尾の明恵《みょうえ》上人は、幼少にして神童の聞え高く、長ずるに及んでは、異常の天才を発揮して人々を驚かせた。学成って後、仏跡巡拝のため、入唐渡天《にっとうとてん》（中国・印度へ留学すること）の志を発したが、春日大明神《かすがだいみょうじん》の神慮によって、思い止《とど》まったという。

その翻意の経緯は、原典では郷里の伯母《おば》に神がのり移って、不思議の振舞いのうちに『華厳経《けごんきょう》』の秘義を解き明かしたのに感じてのこととしてあるが、本曲ではまったくそうではない。

明恵上人が、暇乞《いとまご》いのため、春日大社に参詣すると、明神の従者たる時風秀行《ときふうひでゆき》という男（本来は時風・秀行、二人の神人であったのだが、本曲では一人の人物として造形されている）が社人の姿で現われ、本地垂迹説《ほんじすいじゃく》に基づく本朝の優位を説いて入唐渡天を制止する。

この時風秀行が前シテ、明恵はワキであるが、後場はその明恵に、まのあたり、五天竺の仏跡を見せんとて龍神（後シテ）が出現して、力強い会座《えざ》の有様などを印象的に舞って

春日龍神　狩野丹秀

見せ、やがて、猿沢《さるさわ》の池から天に上って失《う》せる。

この翻意の動機の違いが、本曲のテーマをおのずから物語っているであろう。すなわち、春日の神威、日本仏教の優位ということもさることながら、むしろ芸能としては、龍神の出現とその力感溢《あふ》れる所作の華やかさに主題があるに違いない。

本曲の作者ははっきりしないが、古く室町期の上演記録がある。おそらくは、ある種の布教的意図のもとに、春日の縁起（寺社やその本尊神体の出自来歴・開基の顚末《てんまつ》等を語る物語）等の素材によって、作られたものだろうと憶測される。

# 葛城

かづらき

葛城の山深く、あたりは白皚々《はくがいがい》として、なおねんごろに雪は降り頻《しき》る。この白雪の景色を分けて、出羽《でわ》の羽黒山《はぐろさん》から出た山伏が登場する。これがワキとワキツレの役どころである。

「笠は重し呉山《ごさん》の雪、鞋《くつ》は香ばし楚地《そじ》の花」というような漢詩の一節をうそぶいたり、「楚樹《しもと》」などという難しげな語彙《ごい》をわざわざもち出してきて、もって『古今集』の古歌「楚樹結《ゆ》ふ葛城山に降る雪は間《ま》なく時なく思《おも》ほゆるかも」を巡る問答をしたり、という趣向は、まずはこの葛城の雪の景色を文学的に奥行き深く描き出そうという方便であって、それはたしかに成功していると見てよいだろう。これには、しかし、さらに深い意味がありそうに思われる。それは後に述べる。

舞台は清らかに幽邃《ゆうすい》である。そのシンシンと降り積もる雪のなかに立ち現われた女（前シテ）は、山伏たちに一夜の宿を貸すことを申し出るのだが、その歌いごとを聞くと、「げにや世の中は、電光朝露《でんこうちょうろ》石の火の、光の間《ま》ぞと思へたゞ、我が身の嘆きをも取り添へ

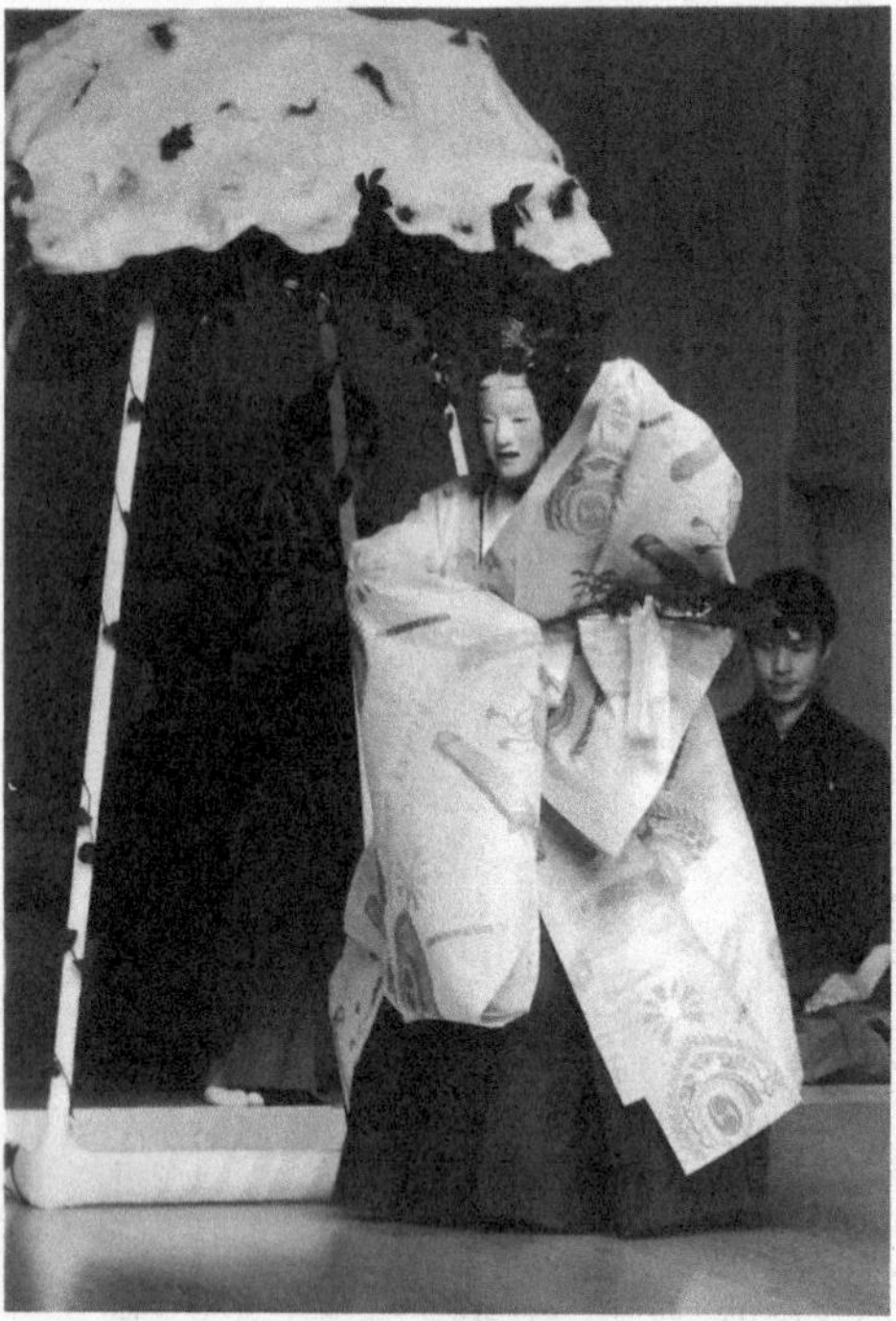

葛城　観世銕之亟

て思ひ真柴《ましば》を焚《た》かうよ（まったくこの世の中は、稲光か朝露か、それとも火打石の光がピカッと光る間か、いずれあっという間のことと思って下さい。火打の光に、私の嘆きの「思ひ」という「火」も添えて、この真柴を焚きましょう……）」

などと妙なことを言うのだった。

いったい、どんな「嘆き」が、この女にはあるのだろうか……。ここに、屈託した心を抱いて、なんとか救われたいという願いで出現した前シテの複雑な性格が託されているのである。

結局、中入前のところで、女が葛城の神の化身であったことが暗示され、それゆえの苦しみを加持祈禱《かじきとう》によって救って欲しいと言って、消えていくのである。

その葛城の神、すなわち一言主神《ひとことぬし》が、じつは醜い女神であったことは、間狂言の語りの中で詳細に述べられる。その伝承というのは、大昔、役行者《えんのぎょうじゃ》が葛城から吉野へ岩橋を渡そうとしたという話である。行者は葛城の神に助力を頼んだが、葛城神は、自らの容色の醜いのを恥じて、夜だけしか作業をしたくないと主張したのだった。この主張が昼夜兼行を主張する行者との間に軋轢《あつれき》を生んで、結局岩橋は架からなかった。そのため行者の怒りに触れて、神は蔦葛《つたかずら》で縛られ、明王《みようおう》の懸縛《けばく》に苦しめられているのだ、というのが、この女神の置かれた立場なのであった。

かくして、彼女には、自分は醜女だという引け目がある。明王の呪縛の苦悩がある。同じく舞を見せる神女ながら、『羽衣』のごとく晴れやかに参らないのは当然である。

葛城の神は醜く呪われた姿を恥じつつ、屈折した心事を舞うて見せるのである。しかも、この解き難い心の矛盾を含んで、その上で神の位に立ち舞わんとするのである。

では、ほんとうにその女神（すなわち後シテ）は醜い姿と現われ、舞うのであろうか。

ここで思い出してみよう。そもそもこの神は葛城の「山の神」である。葛城山は、言ってみれば御神体そのものなのだ。それゆえ、冒頭、雪に白く装われた山景は、すなわちこの女神の姿態にほかならないのであるから、シテが「見苦しき顔ばせの」などと言いながら、醜女の面を用いないのは、けだし当然だった。見所《けんしょ》から見るシテは、やはり白雪の山のようにもたおやかな女神たるを逸脱することはあり得ぬ。

人は皆（特に女は）自分の容色に対する引け目をもっている。しかし、それは他人の目から見た欠点とは通常全然一致しないものである。ちっとも太ってなんかいない女の子でも「痩《や》せたい痩せたい」と思っていることなど、その好個の一例である。すると、この女神の苦悩はやがて、誰人の心裏にも潜《ひそ》むコンプレックスを象徴するとも見えはせぬか……。

されば、葛城の神は、遂に救われるはずもないのである。

神の出る曲を、自分たちとは関係のない世界の話だと思ってはいけない。むしろ、能は、いつだって神や鬼の姿や心を借りて、私たちに普遍の「なにごとか」を語りかける芸術なのだ、ということを、こういう機会によく考えておくとよいのである。

「大和舞《やまとまい》」という小書の付くときは、雪の「山」を出すことと、序之舞に代うるに神楽《かぐら》を以てすることが最大の変更点である。装束も変るが、要は、神体にして同時に背景たる葛城山をば、より視覚的に鮮明ならしめる意図であろうと思われる。

# 鉄輪《かなわ》

『鉄輪』は「橋姫伝説」といわれる伝説の一変形である。もともと、諸国の橋のたもとにはこの「橋姫」を名告る神が鎮まっていることが少なくなく、代表的なものに、宇治橋、長柄《ながら》の橋、瀬田橋、さらには京の五条橋などの橋姫があるが、その本質的な意味は、天神様などと同様、橋を通過してゆく人の妨げとなる神というところにあったであろう。橋は、他国（異界）との境界であり、まがまがしいモノが侵入してくる経路だったから、こういう妨害の神（つまりは守り神なのだ）が鎮まっていたのである。道祖神なども、古くは「塞《さえ》の神」などといって、そういう職掌を負った下級の神にほかならなかった。そうして橋姫は、その由来や姿、また性格などにも、様々なヴァリエイションがあって、この伝承が古くから色々に変形を受けてきたことが推量される。

そんななかで、この伝承が段々人間的に脚色され、あるいはその神の前身を説くような方向に説話化されると、いわゆる百二十句本『平家物語』「剣《つるぎ》の巻」などに伝えられるような話となり、これが直接に本曲へとつながって来るのである。

本曲は、幕開きからすぐに、後妻《うわなり》嫉《ねた》みして丑刻《うしのこく》参りをするシテを登場させる。最早《もはや》、すでに後場のオドロオドロしい成行きは予見されているのだ。

いわば、徹頭徹尾、女の醜い面を見せる以上、前シテは小面のような整った美人では困る。眼に金泥を注《さ》した泥眼《でいがん》の面を用いる事によって、慰められぬ嫉妬《しっと》の情が、形に現われるのである。それが後場生身《しょうじん》の鬼と変ずるために鉄輪を冠《かぶ》り、赤い衣を着、貴船《きぶね》の川水に身を浸《ひた》する。冠り物は、鬼神を寄せる料《りょう》であろう。川水に浸るのは、川自体が、妖鬼の往来する超常的な領域であるゆえと、また同時に一種のみそぎでもあるのであろう。

さて、今日では、「呪術《じゅじゅつ》」や「祈禱《きとう》」ということはあまり見かけなくなってしまったが、つい近い頃まで、それは誰の目にも親しい、充分に力のある事柄に属していた。いわば、それは、医学であり、暦学であり、星占いであり、要するにそれらを包括した民俗的宗教であったのだ。本曲はそうした意味で、決して根も葉もない絵空ごとではなく、あるリアリスティックな威力をもって人々に迫ってくるのであったろう。

夫の、新しい女への心変り、捨てられた妻の恨み、そうしたこと自体今でも少しも珍しいことではない。ただ、家庭裁判所や、人生相談に訴えることのできなかった時代の女たちにとって呪術こそがただ一つの救いだったというわけなのだ。

本曲の素材自体は橋姫伝説の一変形に過ぎないのだが、そこに描きだされる女の嫉妬心の凄《すさ》まじさ苦しさは、もはや伝説の内に止《とど》まるものではない。昔の結婚は今と違って、も

鉄輪　坂井音重

っと遥《はる》かにゆるやかな結びつきに過ぎなかった。しかし、だからといって、心の苦悩までがゆるやかであったはずはない。

しょせん男女の愛情の葛藤《かっとう》は法律の問題ではないのである。女がその苦しみを呪術に訴える限り、これに対抗するには祈禱をもってするよりない。かくして男は自らの命を守るために阿倍晴明《あべのせいめい》の祈禱を頼んだのであった。その結果、たしかに女の嫉妬の鬼は退けられたかもしれぬ。ただし、女の苦しみがそれで救われたわけではない。それがまた、この曲のリアリズムというものである。

本曲は、かかる救い難い女の業《ごう》を見せることに主眼が置かれ、晴明との闘争は、ややつけ足しめいている。同じ女の嫉妬の鬼というテーマを扱いながら、『道成寺』とは反対に、こちらは後シテの鬼形《きぎょう》の方に作劇上の力点があると見える。

# 邯鄲　かんたん

本曲の根底をなすものは主に「老荘思想」である。「老荘思想」とは何か。それは現世に対する虚無の思想である。いかなる巨万の富といえども、または天子大臣の位といえども、死すればみな無に帰する。それは夢のなかの飽食にも似て、さて、もっと大きな目で見たらば、なにらの価値のなきものと観ずる思想である。夢がまことか、まことが夢か、この思想はさらに進んで、美しい仙郷、不老不死の桃源郷を空想せずにはおかない。

中国では往古よりこの道家の思想が流行を見、幾多の伝奇《でんき》小説が書かれた。そうして、かの不老不死の桃源郷に対する憧憬《しょうけい》は、やがて現世の生に疲れ絶望した昔の文人や政治家にとっての、こよなき心の慰安たりえたのである。

そうしてそれは、経世《けいせい》をこととする儒家に対する反対思想である点において、不思議にまた仏教に習合するところがある。

本曲なども、注意深く見ると、この道仏二教を根底にして、わずかな方形《ほうぎょう》の舞台空間に、

邯鄲　橋岡久馬（左も）

87　邯　鄲

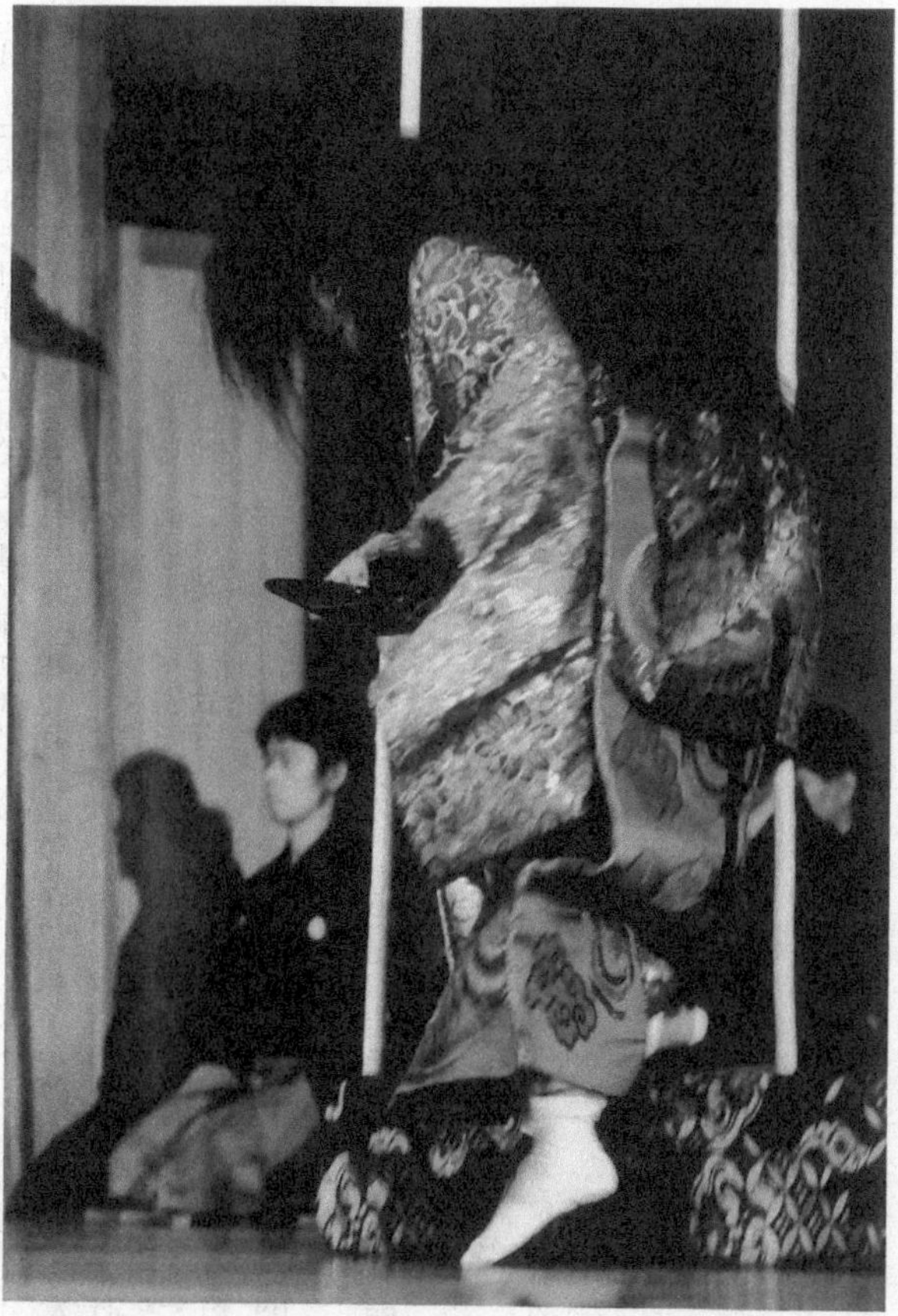

一場《いちじょう》のエルドラードを幻想させる趣の曲である。

『荘子』に「荘周《そうしゅう》夢ニ蝶トナル」という名高い寓話《ぐうわ》がある。荘子《そうし》が夢に蝶《ちょう》となった。夢中にあっては、蝶なる己れが絶対であったが、醒《さ》むれば一瞬の夢幻に過ぎないのであった。要するに人生もさようのものと断ずるのである。皇帝の位のごとく無上の生であっても、ひとたび「死」という大きな目覚めが到れば、単に一場の夢に等しかりしことを知るであろう。これを「大悟《たいご》」という。すると、この「生」というものは、まったく相対的なものであって、なんらの絶対的な価値なきものであることが分る。

本曲にあって、夢中に宮殿楼閣の美景をつくすこともまた、結局この哲理を強調するための手段にほかならない。

かく一如《いっにょ》なる美と虚無とが楽の舞に表出すれば、この曲の本意は達せられる。いわゆる「空下《そらおり》」という足を踏み外す型などもこのあたりの消息を伝えるのである。

なお、附言すれば、本曲の一方の底流として「枕」の信仰があり、ここにおいては『枕慈童』『菊慈童』等と共通せる曲趣をも有するのである。

# 菊慈童　きくじどう

私たち東洋人は、いつも川を遡《さかのぼ》った源頭に、小国寡民《しょうこくかみん》の理想郷、いいかえれば神仙郷を夢想してきた。不老不死の桃源郷、それは、現代の私たちにさえ、なにか具体的な憧《あこが》れを呼び起こす魔力をもち続けているのである。

そのいっぽうで、奇妙なことに、不老不死はなにかの「罪の報い」であるという想念も常にあって、その「死ねない苦しみ」をテーマとする古譚も少なくない。「八百比丘尼」や「小野《おのの》小町《こまち》」の伝説など、その好個の実例である。

それはまた、よく考えてみれば、「現世」を「厭離《おんり》すべき穢土《えど》」と観ずる仏教的思惟《しゆい》と表裏一体をなしているのに違いない。

さて、観世流の『菊慈童』は、江戸時代には廃曲となっていた。その代わり、その抄縮版ともいうべき現行の『枕慈童』が行なわれていたのである。

『菊慈童』は元来、相当長大な複式能で、古くは「枕士童」と呼ばれていた（ここのところがいささか複雑で混乱するのだが、他流で『枕慈童』と呼んでいるのはじつは観世流の

菊慈童　観世喜之

『菊慈童』のことで、観世流現行の『枕慈童』とは別曲である)。そしてその前場は、慈童が酈県《れつけん》の山奥に流罪となった顚末《てんまつ》を説くものであった。趣としては『蝉丸』の前段に似る。それゆえ本曲は、本質的に「罪と苦悩」を底にこめた、屈折した祝言曲で、それが『法華経』の功力《くりき》によって辛くも救われているという図式たらざるを得なかったのである。

しかるに、本曲の全体としての主意は、慈童の出自来歴やその苦悩を叙するにあるのではなく、むしろ「菊」と「枕の偈《げ》」を素材とした不老長寿の祝言というところにあったはずで、自然、前半の罪と苦悩の部分は切り捨てられ、以て半能の形に再構成されて、愛すべき小品として檜舞台《ひのき》に復活したのである。

このとき、後場のクリ・サシ・クセ・ロンギなどもほとんどまったく割愛され、ただ、祝意のみを強調する曲趣となったのである。

ただ、冒頭のシテサシと地謡の上歌に

「慈童が枕はいにしへの、思ひ寝なれば目も合はず……夢もなし、いつ楽しみを松が根の……頼みにし、かひこそなけれ独寝の枕詞ぞ怨《うら》みなる……」

などと「生きることの苦悩」を暗示した幾分デスペレートな文言が残されていることに注意したい。それが、かすかな陰影を曲全体に落として、本曲に、いわば奥行きを与えているからである。

周の穆王《ぼくおう》と慈童の伝説は『太平記』に見えるが、その淵源《えんげん》をいずこに求むべきか知るところがない。慈童という名は本来仏教的な出自であるが、穆王については『穆天子伝』などの道教的説話が伝えられている。すなわち、ここにも道仏二教の習合になる不老の隠士という主題が設定されている。結局、こういう背景が、かかる唐物《からもの》の曲の一つのニュアンスになっているのである。「遊舞《ゆうぶ》ノ楽《がく》」という小書の付く場合、全体的には大きな改変はないが、楽に、常よりも「菊水の流れ」を強調し、一方、シテが枕を置いた台に上らずに下で舞うという形を以て、この枕に対する崇敬の念を浮かび上がらせる工夫がなされている。

# 清経「恋の音取」　きよつね「こいのねとり」

小督《こごう》の琴、経正《つねまさ》の琵琶《びわ》、そのほかにも「音」をめぐる能は少なくない。風の音、雨の滴り、滝の激《たぎ》り……、しかし、それらは皆、実際に舞台上で音が発せられることはない。「あれは想夫恋《そうぶれん》の琴の音だ」とか「錚々切々《そうそうせつせつ》として」などと言いはしても、実際に舞台で琴や琵琶を弾いたりはしないのである。見所の人々の心の中、耳の底に、宜《よろ》しく想像してよ、というのである。こういう演劇的現実の把握の仕方は能の独壇場で、いわゆる西欧的な意味でのリアリズムを超越したところがある。目にも見えず、耳にも聞こえない、にもかかわらず、それらは等しく、劇空間の中で確かに存在している音である。

ところが、独りこの『清経』の「恋の音取」だけは、実際に笛の音を聞かせて、それが直接に（単なる囃子《はやし》としてでなく）演劇空間の中には入り込んでくるという、まったく異例の演出になっている。

では、この笛の音は何なのだろう。

『経正』では、青山《せいざん》の琵琶を供えて手向けの管絃《かんげん》を催しているという「現実」があって、その音に引かれて経正の亡魂《ぼうこん》が現われるのであるから、不思議はない。一方「恋の音取」は、この『経正』に倣って案じ出されたか、と言われているが、その実、その意味するところはまったく違っている。

一体、これは誰が吹く笛だというのだろう。

なるほど清経は笛の名手であった。しかし、その愛笛は、彼とともに波の下に沈んでしまった。また、供養に笛の音を手向けるというのでもない。勿論《もちろん》、北の方が吹くのでもない。では、このかそけく響く音は、誰が吹く笛であろうか。

言うまでもない事かもしれぬ。それは、清経自身の笛の音であるに違いない。

しかし、半幕から出て橋懸りをゆっくり進んだ清経は、途中止まっては、その笛の音に耳を傾ける。印象的な場面である。それが、自分の吹く笛などということがあり得るだろうか。いや、くわしく言えば、この笛は「きこえない音」なのだ。

シテは、

「手向《たむ》け返して夜もすがら、涙と共に思ひ寝の、夢になりとも見え給《たま》へと、寝られぬに傾《かたむ》くる枕や恋を知らすらん……」

という地謡に導かれて出てくる。

妻の、その恋しい枕の夢に、かつて夫がいつも吹き鳴らしていた笛の音が聴こえてくるのである。その夢に、清経は忽然《こつぜん》と現われる。妻の、悲しい夢の中で、現身《うつしみ》の妻と亡魂の

清経　津村禮次郎

夫とは、このいにしえの笛の音という「幻」を共有するのである。そこに、帰らぬ人、帰らぬ昔への、限りない愛惜が浮かび上がるのである。それゆえにまた、直ちに「いかにいにしへ人」と呼びかける形が生きてくるのである。

この美しい貴公子（この世を去ったとき清経はまだわずかに二十一歳であった）と、その妻との会話は、しかしいかにも現実的で一種の心理劇的色彩をもっている。単に勇懦《ゆうだ》とか善悪で割切れない、愛と悔恨とのあわいが、すれ違う対話の中で巧みに描かれてゆくのである。

戦場から敗走の途次、横笛を吹きすさんで、海中に身を投ずる絶望的な清経の姿を、弱々しいと見るか、潔いと見るかは人によって違うかもしれぬ。しかし、それが決して平板な人間像でないことは誰しも認めよう。滅びゆく平家の公達《きんだち》にいつも纏綿《てんめん》するこうした「人間らしい優しさ」、それが、現代のわれわれにまで、ある種の新鮮な感動を運んでくる所以《ゆえん》であろうと私は考えるのである。

# 熊坂

くまさか

例によって都方より出たるワキ僧が、青野《あおの》が原《はら》（美濃《みの》国の赤坂《あかさか》）へさしかかると、怪しの僧（前シテ）が現われる。そうして、「さる者」のために回向《えこう》してくれと頼むのである。それは変じゃないか！　坊主なんだから自分で供養すればよさそうなものではないか。すなわち、僧が出てきて僧に回向を頼むということ自体、もう矛盾を含んでいるのであって（例えば、巡査が泥棒に遭遇して「警官を呼べ！」と叫ぶようなものだ）、オャ、なんだか変だぞ、と思わせる仕組みになっている。かくて請《しよう》ぜられるままにワキ僧が、この怪しの僧の庵《いおり》に来てみると、武具のみ物々しくて、とても僧の住処《すみか》とは見えない。それを問いつめられて、あれこれと言い訳をするさまは、いささか可笑味《おかしみ》さえ漂うて眺められる。それは、悪虐ながら、どこか憎み切れぬ後シテの性格と一貫するものと思われる。

さて、想像の裏《うち》にあるべき景色は、こうである。

青野が原の淋《さみ》しいところで、日が暮れた。そこを行くワキ僧に対して、怪しい僧が出現し、「ある人」を弔って欲しいとたのむ。「あそこに見える一本松」がその人の古墳だと、

熊坂　津村禮次郎

向こうのほうを指さすのである。その指の先に、薄暗く、野中の一本松が見える。他には何もない。にもかかわらず、この僧は、いつの間にかそのあたりに出現した庵室《あんじつ》へとワキ僧をいざなうのである。室内の様子をあれこれと叙したのは、単なるコケおどかしではない。ここがあまりに具体的なので、私たちは、そこに幻の庵室をありありと想像してしまうのである。と見ると、僧も失《う》せ、庵も消え、ワキ僧は、かの野中の一本松の下に放り出されていた。この幻の失せるや否や、前場は突然終わって中入となる。

後場はほとんどすべて、熊坂長範《くまさかちょうはん》の戦いぶりの描写であるが、緩急強弱の変化に富んで、よろしく一場《いちじょう》のスペクタクルたり得ている。はじめ、シテ・ワキ掛合いの「三条の吉次《きちじ》信《のぶ》高《たか》とて……」以下のところは、軍記物などでいうところの「勢揃《せいぞろ》い」に当るのであって、長範の手勢《てぜい》の並びない威風を示し、以て牛若《うしわか》の神童ぶり、長範の無念な負けざまを導くための用意としたのである。実際のところ、ここは熊坂の亡霊が牛若にやっつけられたさまを自演してみせるだけのことで、勇ましくやればやるほど、自分の負けざまを鮮明ならしめるという皮肉な設定になっている。そして後場では、後シテの所作によって、そこにまったく登場せぬ牛若丸をも描き出しているところにも留意せねばならない。強々《つよづよ》とした掛合いから、丁々発止の戦いぶり、さしもの手勢を討たれて一度《ひとたび》ひるむところ、また思い返して押し寄せる有様、その末に絶望して斃《たお》れる結末、この後半は後半として、見どころが多いのである。

# 車僧　くるまぞう

その実像はまるで明らかでないが、とにかく、むかし深山和尚《しんざん》という超能力をもった高僧があった。この和尚は禅僧であったが、いつも破《や》れ車に乗って四方に説法して歩いたので、世に車僧と呼ばれていたというのである。

しかし、この曲はその車僧本人が主人公ではない。

車僧を魔道《まどう》に引き入れようとする愛宕山《あたご》の天狗《てんぐ》が主人公である。このあたりが能という演劇の面白いところで、僧の法力、仏教の有難さを表すのに、むしろその反対者を拉《らっ》し来たって主人公の位置に置き、その魔道が破れるのを目の当《ま》たりに見せようというのである。

京の西、嵯峨野《さがの》のあたり。ときは冬で、チラチラと雪が舞っている。目前には大堰《おおい》川の流れが滔々《とうとう》と音を立てている。

日も西に傾いた夕方。その凜《りん》とした寒気をまずもって想像しておくべきである。

さて、車僧はそういう寒さの中に平然と車を止め、四方《よも》の景色を眺めていた。そこへ愛宕の大天狗が姿を山伏にやつして挑んでくる。

車僧　香川靖嗣

天狗が「お前は誰か?」と尋ねると、僧の答えは「カラッポで涼しいのゥ(空洞風涼《くうどうかぜすず》し)」という人を食った挨拶《あいさつ》である。これでこの僧がひとかたならぬ畸人《きじん》であることが知れる。暑い寒いなんてことはとっくに超越しているのである。

前場は、言ってみれば、その両人の対面が主題でさしたる展開はない。間狂言の小天狗の滑稽《こっけい》な所作に続き、後場になると、天狗はいよいよ本性を現わすが、いかにしても車僧は天狗の挑発に乗らない。そのあげく、この車を飛行自在《ひぎょうじざい》に動かしてみせるので、びっくりした天狗はとうとう合掌して逃げて行った、というのである。

案外たわいのない話で、ちょっとSF的な面白さをも狙《ねら》ったものとみえるが、いずれにしろ天狗というものはどこか憎めない愛敬《あいきょう》があって、そこにまたこうした曲の味わいが認められる。かなり古い曲だが、作者は今のところ不明である。

# 源氏供養　げんじくよう

『源氏物語』には、いくつかの伝説がまつわりついているが、その内でも名高いのが、紫式部《むらさきしきぶ》がこの物語を石山寺《いしやまでら》に籠《こも》って執筆したという話と、彼女が死後地獄に堕《お》ちたという話である。

そのいずれも、根も葉もない作り話であることはもちろんであるが、こういう話は『源氏物語』に対する敬意とともに常に語り継がれていたものであろう。

中世、この地獄に堕ちた紫式部を救いとる目的で法会《ほうえ》が執行《しゅぎょう》されたことは事実であって、その時の願文《がんもん》として『源氏表白《げんじひょうびゃく》』という漢文体のものが僧澄憲《ちょうけん》によって書かれた。次いで、その子聖覚《しょうかく》によって、和文仮名書きに作られたのが、本作のクセのもとになった『源氏物語表白』である。

シテは紫式部の亡霊であるが、前シテは里の女の姿で、ワキ安居院《あごい》法印（聖覚《しょうかく》）に式部の供養を願いにやって来る。後シテは緋《ひ》の大口《おおくち》（袴《はかま》の一種）に烏帽子《えぼし》という姿で現われ、供養に対する感謝の念を述べ、報謝の舞を舞うという筋書きである。

源氏供養　香川靖嗣

すなわち、とくに見るべきドラマもそこにはなく、深い人情の機微が写されているとも見られない。

ところで、後シテの姿は、じつのところ、紫式部の姿を写したというよりは、むしろ「白拍子」風の造形であって、こういう曲の背後に、『源氏表白』を謡い、かつ舞う、白拍子系統の女芸人が存在したことを窺《うかが》わせる。

結局、本曲は実際の「源氏供養」の様子をある程度描写しながら、そこに『源氏表白』の芸能をはめ込んで、それを懐かしく美しく見せるのが本来の主旨であって、したがって、ここには「序之舞」など本格の舞ごとはなく、長大な二段のクセ舞が後にも先にも唯一の見せ場になっている。ただし、このクセの詞章は『源氏物語表白』の忠実な焼き直しに過ぎず、テーマは源氏の巻名を読み込んで無常を説くということにつきており、内容的には『源氏物語』そのものとはほとんど関係がない。

# 玄象　げんじょう

本曲は、名こそ「玄象」と付いてあるけれど、そのじつ、肝心の「玄象」はどこにも出てこない。わずかに、中入をはさんで二度その名が見えるのと、間狂言《あいきょうげん》に少しく説き及ばれるに過ぎない。

しかし、なんといっても「玄象」は、「青山《せいざん》」と並んで、琵琶《びわ》中の天下一の銘器、『枕草子』にもその名を上げ、『今昔物語集』にはさまざまの奇瑞譚《きずいたん》を伝えるほか、種々の伝説に包まれた逸物《いつぶつ》であった。

さて、藤原師長《ふじわらのもろなが》（ツレ）は、並びなき琵琶の名手で、入唐《にっとう》の志を立て、船出のため須磨浦までやってくる。師長の心は奢《おご》っていた。日本国中、我ほどの弾き手はよもあらじと思う心が、入唐の挙《きょ》を思いつかせるのであったからである。それを留《とど》めるものは、かの銘器「玄象」のその主《ぬし》であり、天下無双の名手であった村上天皇でなければならなかった。師長は琵琶の音によって干天《かんてん》に雨を呼んだというので、「雨の大臣《おとど》」と呼ばれていた。かかるがゆえに、須磨浦の苫屋《とまや》の一夜、シテ里の翁《おきな》（じつは村上天皇の亡霊）の求めに応

玄象　豊嶋訓三

じて一曲を弾ずるや、その錚々《そうそう》たる撥音《ばちおと》に呼応して、またも雨が降りくるのである。翁はこの辺りからだんだんとその本身《ほんしん》を暗示し、やがてみずから琵琶を奏でて師長のド肝を抜くのであった。入唐を思い立ったのは、さては我が心の奢りであったか、と師長は気付いた。すなわち、師長の心には、この翁の弾音はかの「玄象」の音として響いたのであろう。

後場は、村上帝が出現して、龍神をしていま一つの銘器「獅子丸」を海中より献上せしめ、颯々《さつさつ》たる早舞《はやまい》を見せてその神意を示すのである。詞章の一々は世阿弥の作に比しては力が弱いが、景物の風情や遊楽《ゆうがく》尽くし、一転しての爽やかなスピード感、とまことに盛り沢山の内容をうまくまとめた一曲ではあろう。

# 恋重荷　こいのおもに

本曲の大筋は、簡単に言えば、白河院《しらかわいん》の老仕丁《していい》が、女御《にょうご》を一目見てより恋の病となり、ついに人の知るところとなる。そこでこの重荷をもって庭を千遍も回ったら、そのうちに今一度女御がお姿を見せて下さる、と人々が囃《はや》し立てるので、老人は重荷をもとうとするが、果たさず、絶望のうちに憤死してしまう。やがて老人が亡霊と現じて女御に恨みの気《け》色《しき》を現わすや、一転して、わが跡を弔うならば、恨みは晴れようと言って、最後には女御の守り神となることを約しつつ去るのである。

さても不思議な筋を考え出したものと思う。

世阿弥の伝書『能作書』を見ると、

「恋のおもに、昔あやの大こ也」

とあって、つまりこの曲が「綾《あや》の太鼓」と呼ばれていた古曲の改作であることが分る。そこで他流現行の『綾鼓《あやのつづみ》』をある程度古曲の面影を伝えるものと考え、これと比較して、世阿弥の作劇意図を少し探ってみたいと思う。

一番大きな改変は、もともと、鳴らない綾の鼓(革の代わりに綾絹が張ってあるのだから、打ったとて鳴る道理はないのである)を打って音が聞こえたら女御が御姿を見せて下さる、という設定であったのを、重荷を負うことに変えたことである。この改変の意図は大体見当がつく。

すなわち、もともと能舞台では、楽器を出したとしてもそれを実際に鳴らすことはないのが常だから、鼓が鳴るか鳴らぬかという設定よりは、荷がもてるか否か、という視覚的設定のほうが、遥《はる》かに直接に、分りやすく観客に訴えてくるのである。

さらには、老人に重荷をもたせるというごときは、まことにいたぶりがましい感じを与え、そこに見者から老人への、一種同情めいた共感を導くことができるであろう。

そうしておいて世阿弥は、老人の死後、ワキの口を借りて、これじつは恋を思いとどまらせんための方便だったということを明かすのである。こうした用意は『綾鼓』にはない。したがって、かれにあっては、単になぶりものになって死んだ老人が、恐ろしい悪鬼と現じて、ひたすら女御に祟《たた》るという終わりかたをしている。

ところが、本曲では、叙上のワキの同情らしい言葉に続いて、女御の泣きしおれるさまを挿入し、やがて後シテの亡霊が現じてついには恨みを解くという筋立てへの伏線としてある。

なぜ世阿弥は、この老人の恨みを解くことに変えたのであろうか。

恋重荷　津村禮次郎

要するに、これは、仇をなすべき者がかえって守り神となる、という、民俗としての普遍性を有する形で、この老人の恋の成就を描いたのであろうと私は想像する。二上山《ふたがみやま》に鎮《しず》まって旧都を守る大津皇子《おおつのみこ》、五条橋のたもとで京都を守る天神様等々、仇敵《きゅうてき》かえって守護神となるという例は、じっさい枚挙に遑《いとま》がない。怨《うら》みがあって、魂が荒々しい性格を帯びていればいるほど、それは恐ろしい神であって、そのぶん守り神としての威力も強い。獰《どう》猛《もう》な犬ほど番犬に適するという道理である。

こうして、身分も歳もまったく段違いで、当り前では成就するはずもないこの恋を成就させたのである。成就のための死、そう意義づけることによって、全曲の合理化を試みたのではなかったか。けれども、皮肉なことに、私たち現代人から見ると、筋立てとしては『綾鼓』のほうが遥かに自然であって、本曲のほうは結局、この「重荷」という設定そのものが、いささか唐突の感を免れないように思う。ああ、たしかに恋というものは、誰の心にも重荷であるに違いない。しかし、重荷をもったら姿を見せてやろうという設定そのものにある不自然さが内在することは否めない。

ともあれ、そういう無理を承知で、老人をなぶり、怒らせ、死に至らしめ、それから逆転して、その死ゆえの恋の成就へと、ドンデン返し式に運んでいくところにこそ、世阿弥改作の主意が存したことと思っておきたいのである。

# 項羽　こうう

「四面楚歌《しめんそか》」という中国の故事を知らない人はまずあるまい。そして、その主人公が、本曲のシテ項羽とその愛妾虞氏《あいしょうぐ》（虞美人）であることもまた隠れもない。

いわば、本曲はそういう常識の上に書かれているのである。ということは、この曲の目的は、その四面楚歌の故事来歴なり、またはその戦さの場面を叙するというところにはない、ということである。「それは既に皆様よくご承知でしょ」という立場なのだ。こういう風に本来の故事から少し距離を置いて、それと何らかの意味で関連する主題を別に設け、新しい独自の風趣を造形するというのが、作者世阿弥の真骨頂であった。前場は『敦盛』を彷彿《ほうふつ》とさせる草刈男《くさかりおとこ》を登場させ、シテは烏江《うこう》の渡し守とする。そういう設定や人物の造形自体にはほとんど中国的な色彩はなく、まったく日本の秋の風情であると言ってよい。

秋草の野辺、葉末の露、七夕に秋風と、我々に充分日本の秋の色彩を満喫させておいて、

項羽　鏑木岑男　津村禮次郎

その中に突然「虞美人草」を浮かび上がらせる。そこから、話は急激に中国の故事へと展開してゆくのである。

まるで日本の秋の野辺に項羽が天下ったかのようであるが、それで一向に構わないのだ。見も知らぬ中国の、茫漠《ぼうばく》たる秋景色なんかを描いたところで、多くの観客は何も感じることができない。誰も皆、自分のよく知っていることに寄せて感動するからである。

後場は虞美人を連れた項羽を登場させ、修羅物風の展開に終始する。ここのところも、シテのいでたちこそやや中国風であるが、戦さの寸法は、なんだか『平家物語』のようである。かくて本曲は中国の故事を日本風に換骨奪胎《かんこつだったい》しつつ、風情と力動《りきどう》とをふたつながら見ようという欲張った曲なのであるが、それを見事に成功させているのは、その風情を織り成す「言葉の力」である。

# 小鍛冶　こかじ

『小鍛冶』は、名刀工三条宗近《さんじょうむねちか》が、二ツ銘の霊刀小狐丸《こぎつねまる》を、稲荷《いなり》の神助を得て鍛え出すまでの、不思議奇特の物語を、めでたく、面白く能に作ったもので、分りやすく親しみやすい曲柄である。

刀剣の妖異譚《ようい たん》というものは、日本武尊の「草薙剣《くさなぎのつるぎ》」から、『平家物語』「剣の巻」、さてまた能『土蜘蛛』の「膝丸」、はては近き頃の妖刀村正《ようとうむらまさ》の俗伝のごときものにいたるまで、それこそ枚挙に遑《いとま》がない。いますこし広く見れば、刀剣ばかりでなくて、鎌でも斧《おの》でも針でも、要するに鍛冶の手になるものには、霊異精魂が宿るように看《み》なされていたのである。

というのは、汎《はん》アジア的民俗の中では、鍛冶《スミス》は一種の神格的存在であって、巫覡《シャーマン》が一般人としての「俗なる生」を一旦死んで、改めて神の語《の》を告る神格的存在に生まれ変るときに、その力を鍛え出すのが鍛冶だと考えられていたからである。周知のごとく、刀工の鍛冶場には、注連《しめ》を張って清め、刀工自身また浄衣《じょうえ》に身を包んで刃を謹製するのであるが、その特異なものものしい神聖性も、じつはこうしたシャマンティックな想念に基づくものであった。

したがって、この『小鍛冶』なども、決して一人の作者の奇想に出たものではなく、むしろわれわれの民族の長い記憶を背負った、普遍的な設定だったのである。そこで私たちは、こういう話柄を少しも怪しまずに、さもあるべきこととして見ることができるのである。

さて、ある夜、帝《みかど》は不思議な夢を見た。

三条の小鍛冶宗近という刀工に、御剣《みつるぎ》を打たせよという告げの夢である。直ちに勅命が下って、名剣を作り奉るべき旨が宗近に伝えられた。その時、宗近が、しかるべき相槌《あいづち》のいないことに困却したというのも思えば当然である。霊威の高い剣、すなわち名剣を作り出すには、不浄無能のものが相槌ではかなわない。

困った宗近は、氏神の稲荷に参って祈誓《きせい》した。すると、これに応じて、神の化身たる童子(前シテ)が現われる。前場、クリ・サシ・クセのところで、剣の霊威を語るのは、叙上の鍛冶刀剣信仰の復習確認といった意味あいであろう。

このところ、話柄にふさわしく、謡はいかにも強々と、爽《さわ》やかな拍子にのせて運んでいく。見ていて、まことに快いところである。

後場は、ワキ宗近の祝詞《のっと》に始まり、それが大ノリの重厚なテンポに変るとまもなく、早笛があたりをつんざくように響きわたり、と見る間にシテの稲荷神はタタタタッと飛び出してくる。これから先は、写実的な鍛冶場の描写で、名剣の打ち上がるまでを再現する。

こうして、晴れやかな、真に晴れやかな結末をこの能は見せてくれる。内面的な深みとか、情趣の恋々する味わいとか、いわゆる能の「幽玄」というものは、まるでない曲ではあるけれど、いっぽうで、こういう清《すが》やかな神意を見せることも、能の面白味の重要な一部分であることを、本曲などがよく教えてくれるのである。

小書「黒頭《こくとう》」は、前シテを喝食《かっしき》に作り、後は狐の冠物《かぶりもの》を付けずに黒頭を以て現われる。すなわち、狐の後シテよりも一段神格を高く作って、むしろ稲荷神直接の影向《ようごう》という風に演ぜられる。それだけに、全体、位高い風情が横溢《おういつ》するのである。

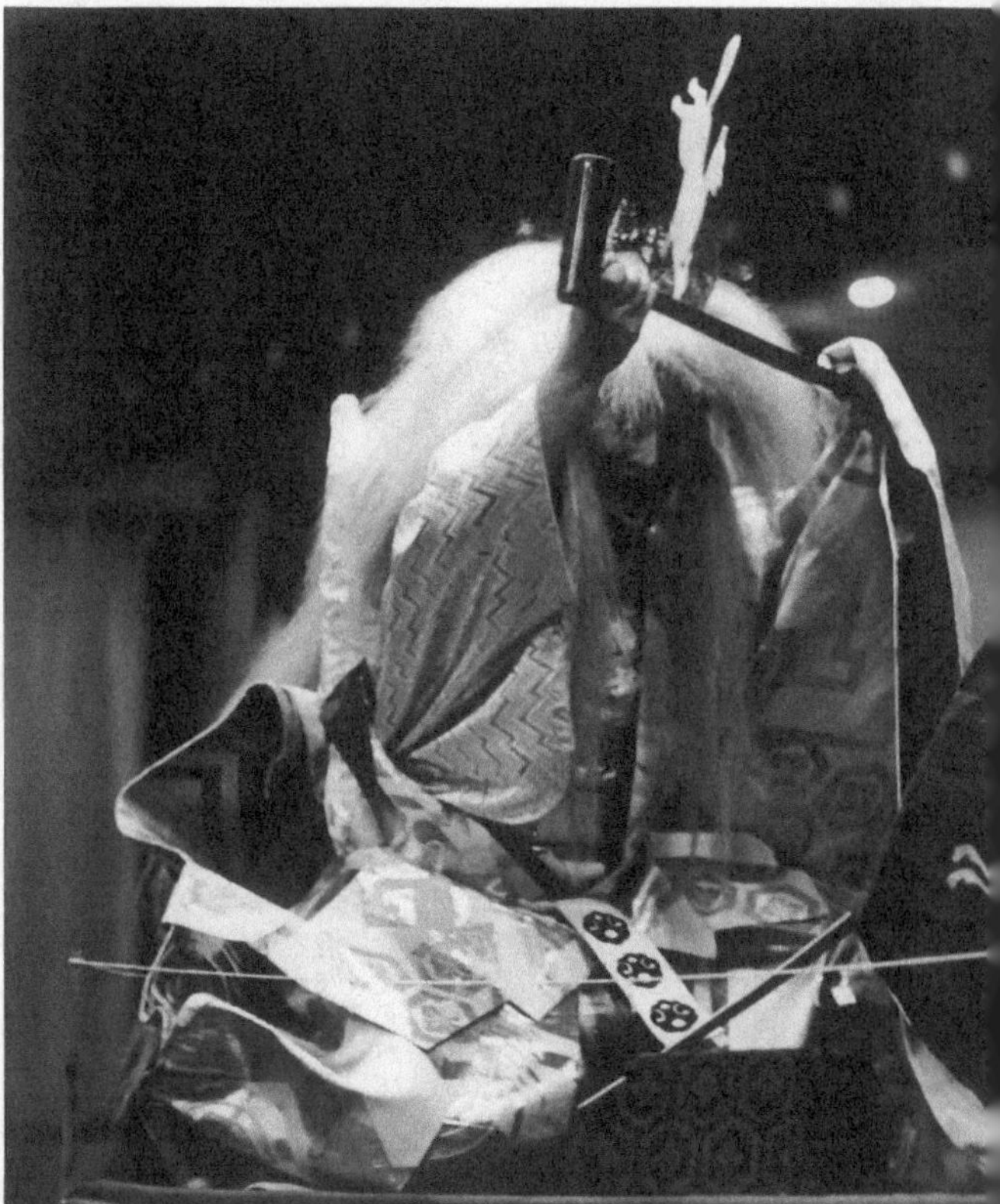

小鍛冶　粟谷新太郎　森茂好

# 胡蝶　こちょう

梅の花の時分にはまだ蝶は飛ばない。

それゆえ、梅花に縁のないことを悲しむ蝶の精魂が、一条大宮なる光源氏《ひかるげんじ》ゆかりの梅を訪《おとな》った吉野の僧に結縁《けちえん》を請い、一乗妙典《いちじょうみょうでん》の功力《くりき》によってかなえられて、喜謝の舞を舞う、という筋立てであるが、むろんこの筋は、まことに不自然な他愛のないもので、何らの劇的要素を認めることができない。

が、そんなことは初めから計算外なのである。

さて、胡蝶は、先にも述べた『荘子』の「荘周夢ニ蝶トナル」の寓話以来、「美しく危うい」ものとして、すなわち、かりそめなる人間存在の象徴として印象されてきた。それが蝶についての東洋的思惟であった。

曲中「定めなき身」だの「胡蝶の夢の戯れ」だの「うつゝなき浮世」だのと、繰り返し茫々《ぼうぼう》たる現世《うつしよ》の夢幻を詠ずるのは、じつにこれがためである。

こうして初め人間の女として現われる前シテは、やがて夕べの空に幻のごとく消えゆく

胡蝶　坂井音重

のである。

後場は明け方。薄明《はくめい》の空には皓々《こうこう》たる月がかかっている。梅花に誘われてフッと現われた胡蝶の精は、儚《はかな》く幽艶《ゆうえん》に奉謝の舞を舞った後、明けゆく空の霞《かすみ》に紛れて、またも消えゆくのである。

現在は紅梅の作り物を出すが、以前は白梅を用いたらしい。曲趣としては白梅の方がふさわしいと思うのだが、いかがなものであろう。

# 西行桜《さいぎょうざくら》

樹木というものは、久しく年を経るうちに、一種の神格を帯びて、その木の精霊が出現する場合がある。大きく見れば『高砂』だってその例の一つで、あの尉《じょう》と姥《うば》という設定は、住吉・高砂の松の精を老夫婦の形に造形したものにほかならない。

高砂のように神さびた気高いものばかりではない。もう少し人に近いものとして『梅』の梅、『藤』の藤、『遊行柳』の柳、『半蔀《はじとみ》』の夕顔等々、能楽の常に興味を寄せてきた草木精霊の一群がある。

それがもっと妖怪《ようかい》の方に接近すると「椿木《ちんぼく》」とか「木心坊《きしんぼう》」とか呼ばれた古い椿の木の精霊などがあって、要するに古い木は日本人にとって超自然的霊力を帯びると思われてきたのである。『怪談乳房榎《かいだんちぶさえのき》』の乳の病を治す榎《えのき》の古木や、もっと広くは「木霊《こだま》」などという表現も、そういう意識の延長上にある。

さて、本曲は世阿弥の作かと推定されている古い曲であるが、この古い桜木の精霊が出

西行桜　足立禮子

現する理由ははっきりと示されている。

西行が、

花見んと群れつゝ人の来るのみぞ、

あたら桜のとがにはありける

桜の木には、他にこれといって罪咎《つみとが》もないけれど、ただ花見に人が群れくるという

ことだけが残念なことに桜の咎《とが》だといってよい

という歌を口ずさんだのを不満に思った精霊が、「どうして桜に咎があるものか」と問答をしに出現するというわけである。しかし、問答の帰趨《きすう》は見えている。高徳の西行の値遇を得て、心無き草木も草木国土悉皆成仏《そうもくこくどしつかいじょうぶつ》のことわりに目覚め、老木《おいき》の桜は一転して法悦の舞を見せるという展開、それが「桜尽くし」のクセ舞と、それに続く「太鼓入り序之舞」の部分で、これは浮きやかな春の風情を遊芸の形で見せるのである。

もともと深い恨みや因縁がらみで出現する霊ではないので、思想的宗教的な深みや劇的面白さをもった曲ではないけれど、賑《にぎ》やかな登場人物と美しい作り物の山を背景に翁さびた桜の精が遊芸を見せる、そのひとひねり捻《ひね》った趣向に珍しさ（つまり面白さ）があるのである。

# 志賀　しが

京都から比叡《ひえい》の南を琵琶湖《びわこ》畔へ抜けて行く山越えの道が志賀山越えである。この峠は琵琶湖の大景が一望できる景勝地であった。たとえば、江戸時代後期のガイドブック『東海道名所図会《ずえ》』を見ると、近景に満開の山桜、遠景に琵琶湖と青松を配した山景が描かれ、都の人々にとって、志賀は『千載集《せんざいしゅう》』の、有名な「読み人知らず」の歌、

ささ波や志賀の都は荒れにしを

昔ながらの山桜かな(この歌、じつは薩摩守忠度《さつまのかみただのり》の作)

とともに美しく記憶されている桜の名所にほかならなかった。

これが、本曲の詩的背景である。

その街道筋からちょっと入った所に黒主の祠《ほこら》という宮がある。こういう宮がそれほど古いものとは信じられないが、少なくともかかる宮の存在が、志賀の桜と大伴黒主《おおとものくろぬし》を付会して考える伝説のあったことを物語る。

『古今集』「仮名序」の

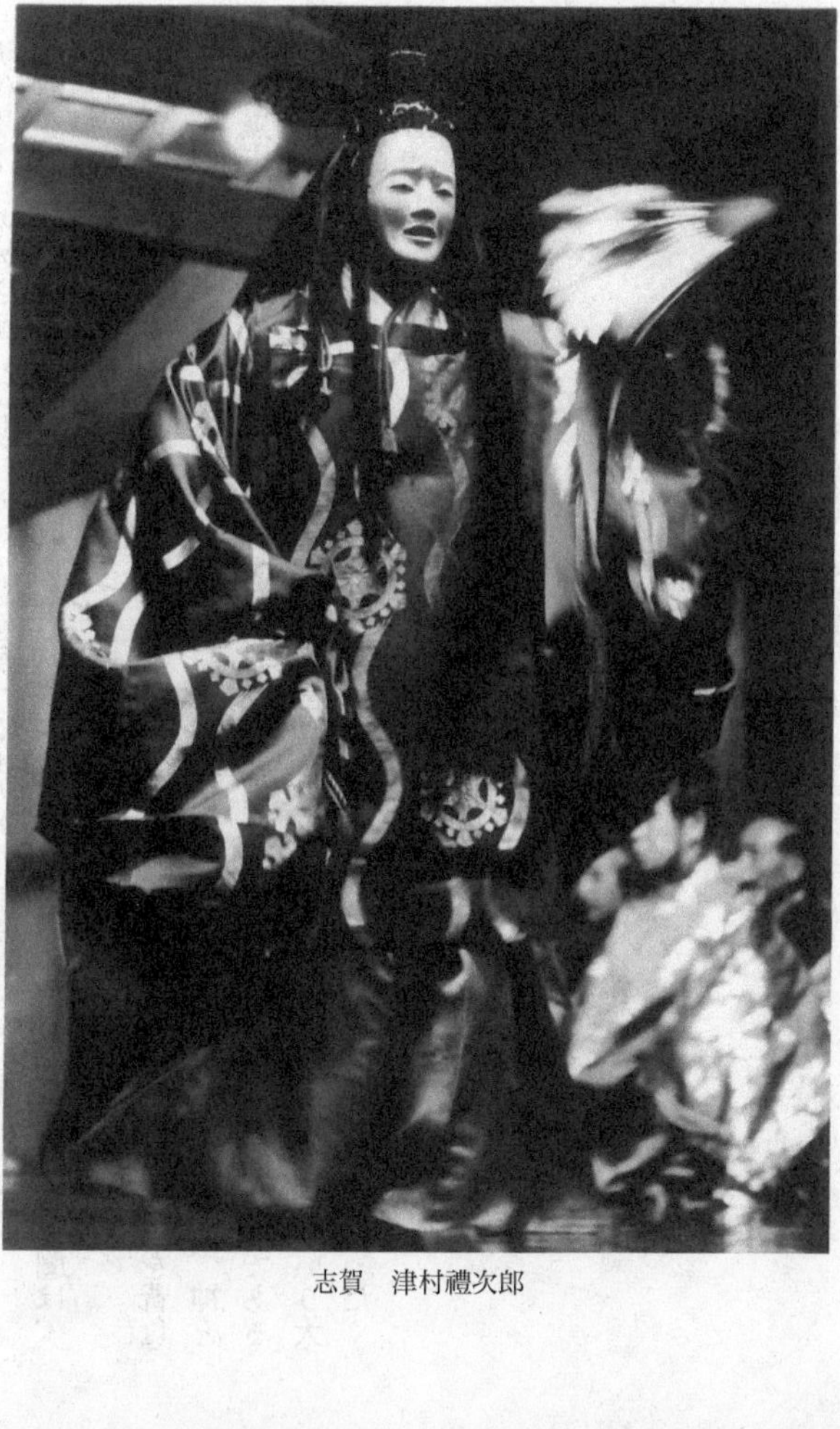

志賀　津村禮次郎

「大伴黒主はそのさまいやし。いはゞ薪《たきぎ》を負《お》へる山人《やまびと》の花の陰に休めるが如し」

という評言は単なる比喩《ひゆ》で、景色としての実体は少しもないのだが、中世の神秘劇は、伝説の力を借りて、そういうものにまで空間と肉体を与えずにはおかなかった。

前シテは山人であるが、じつは黒主の亡霊なのだ。その亡霊なる山人に本当に薪を背負わせて花の陰に休ませるという形で黒主伝説を具象化して見せ、後場は、型どおり、神となった黒主そのものの姿で舞台上に呼び出して、颯爽《さっそう》たる神舞を舞わせる趣向なのである。

その前後を通じて、観客の脳裏には常に琵琶湖を見下ろす山道に満開の山桜、という大和絵のような風景が想起されていなければならぬ。そうでないと、こういう曲はまったく理屈ばかりになってしまって、面白さが半減する。

作者は世阿弥ではなく、ずっと後の人であろうと思われる。

# 七騎落　しちきおち

本曲に登場する全員が男で、しかも場面は血腥《なまぐさ》い戦場である。能らしい幽婉《ゆうえん》味などはこれっぽっちもない。その上、『平家物語』ものに色濃く漂っている仏教色も、ここには皆無である。あるものはただ、忠君の衷情と親子の恩愛である。したがって、現代人にとってこれほど分りやすい曲もまた珍しいと言わねばならぬ。

さて、負け戦さの船出に、同船八人という数は縁起が悪いというので、一人下船せよと頼朝が命ずる。ずいぶん迷信的で不自然な設定のようであるがそうではない。じつは、つい先頃まで、われわれ日本人にとっての「いくさ」には、「魂《たま》いくさ」としての性格が抜き難く残っていた。わが国において「兵法」は、多く易占・迷信の類で、合理的戦略とは大きく隔たっていた。それは、中国の有名な『孫子』などがきわめて合理的な戦略戦術の教本であるのに対して、日本の代表的軍書『訓閲集《きんえつしゅう》』が、非常に色濃く迷信的な呪術に傾いていたのを見れば容易に想像がつくのである。

七騎落　坂井音重

しかして、そういう心情は、驚いたことに、今次の大戦にもなお残っていたのであるから（なにしろ、千人針で弾を避けようとした国民である）こういう迷信的設定も、そのまま不思議なく受入れることができるに違いない。そのために土肥実平《といさねひら》は最愛の子息遠平《とおひら》の死を覚悟しなければならないのだが、それを理不尽だと思うならば、本曲ばかりでなく、大抵の歌舞伎や浄瑠璃《じょうるり》などもついに理解の外であろう。その後《のち》、平家方から寝返った和田《わだ》義盛《よしもり》と頼朝《よりとも》の海上での邂逅《かいこう》、そして最後に、死んだと思った息子遠平と実平のドンデン返し的再会、と話は大団円を迎える。そういう、歌舞伎芝居にも通ずる、いわば「芝居っ気」がこの曲の身上であるから、能としてはたしかに風変りな、しかも際どい作風であろう。

# 石橋　しゃっきょう

石橋は、現在では「小書」（「大獅子《おおじし》」「師資《しし》十二段之式」など）付き、すなわち半能《はんのう》で演じられることがほとんどで、前場全部の演じられることはごくごく稀《まれ》である。そこで、その略される前場について大略を説明しておくと、ざっとこんな塩梅《あんばい》である。

大江定基《おおえのさだもと》という人（実在の人物）が、今は出家して寂昭《じゃくじょう》と名告り、仏法修行のため入唐《にっとう》渡天して、霊場清涼山《しょうりょうせん》にやってくる……。

と、そこには、千丈の深谷《しんこく》を高々と跨《また》いで、幅一尺にも満たないうえ、苔《こけ》むしてツルツル滑る石の橋が架《か》かっている。この橋を渡れば、彼岸《ひがん》は文殊《もんじゅ》の浄土なのだが、しかし、この橋を渡るのは、文字通り命がけである。仏の浄土へは、やはり、捨身《しゃしん》の志を以てせずしては、なかなか通い難いということなのである。

寂昭が途方にくれていると、一人の「童子」（前シテ）が現われる。童子は、法師に向かって、この橋のたやすく渡り難い由をさとし、この山の清浄《しょうじょう》幽邃《ゆうすい》なるさまを叙し、かつは石橋の由来、浄土の奇特《きどく》を語って、やがて姿を消すのである。

石橋　喜多六平太

これが中入で、ここまでのところは、通常、冒頭のほんの一節を除いて全く省略されてしまう。

やがて、どこからともなく獅子《しし》が現われ、この橋を行きつ戻りつして、勢い猛《もう》に舞を舞って見せる、というのが後場である。

前シテの童子は、たぶん文殊菩薩の化身、後シテの獅子は文殊の眷属《けんぞく》であるから、もちろん無関係というのではないが、しかし、この設定は、後場に獅子の出現する必然の理由を前シテがよく説明しているとはとうてい言えない。そのため、たとえ前シテを全く省いたとしても、本曲一曲のためには、あまり不都合はないのである。なぜならば、本曲は、その「獅子舞」(という古来独立の芸能)のキビキビした音楽と舞とを、けざやかに見せて、観客に目のさめるような興奮と祝福をふりまくというところに、その意義のほとんど全部があったからである。とりわけ「大獅子」の小書付きの場合は、白赤二頭の獅子が、親子のような形で舞い戯れ、一層華やかでダイナミックな演出となるわけである。

# 舎利　しゃり

本曲は、洛東泉涌寺《らくとうせんゆうじ》の仏舎利塔《ぶつしゃりとう》に安置された「舎利」をめぐって、足疾鬼《そくしっき》と韋駄天《いだてん》が戦うという極めて単純で分りやすい筋をもった現在能である。

従来、本曲の出典を『太平記』巻八「谷堂炎上事」に見える説話に求めているが、いかがであろうか。谷堂は泉涌寺とは無関係であるし、韋駄天のことは元来仏典に見えるはずのことであるから、強いて『太平記』をもち出すまでもない。それよりも、じつは泉涌寺には、古く中国から伝来せる有名な韋駄天の木像があって、そういうものには当然韋駄天と足疾鬼（捷疾鬼）との仏舎利を巡る闘争譚《たん》が付属していたに違いないから、本曲のごときは、むしろ、そういう泉涌寺所伝の講説などに基づいて脚色されたと考えるのが本当であろう。

さて、出雲《いずも》の国美保《みほ》の関《せき》から出た僧が、都一見《いっけん》のため上京し、東山泉涌寺で折しも開帳中の仏舎利塔を拝していると、怪しい男が現われ、ともに拝み始める。すると、一天俄《にわ》かにかき曇り、稲光《いなびかり》とともに男の面色変り、すなわち足疾鬼の本性を現わして仏舎利塔を蹴《け》

舎利　香川靖嗣（左も）

137　舎　利

破り、舎利を奪って虚空《こくう》に去って行く。ここまでが前場。中入をはさんで、後場はツレとして韋駄天が登場し、大立廻りの末、鬼の姿と変じた後シテ足疾鬼から舎利を取り戻し、鬼を追い払って終わる。

本曲は古くは世阿弥作と言っていたのであるが、信じがたい。詞章の上から見ても、世阿弥にしては奥行きに乏しく思われる。むしろ後世、泉涌寺の開帳か何かの折に、人寄せ宣伝のために作劇されたものではないかと、私は想像するのである。

なにぶん、能に限らず、古く芸能や演劇には常に寺社や教団の力が背後に見えかくれしていた。それは、芸能の側からいえば、寺社は場所や費用を提供してくれるパトロンであり、一方寺の側からみれば、芸能は絶好の布教宣伝メディアであった。そういう持ちつ持たれつという関係で、芸能が伝承伝播《でんぱ》されてきたことは、厳然たる事実で、現在行なわれている能のなかにも、そういう作劇上演の動機を有するものがたくさん混じっていると推量することは、決して失当ではあるまい。それどころか、それなくしては、能・歌舞伎・浄瑠璃《じょうるり》・説経・幸若等々、かくも豊かな伝統芸能の森は育つはずもなかったのである。

# 俊寛 しゅんかん

本曲は、観客に『平家物語』の予備知識の有ることを前提として書かれてある。

そもそも俊寛は、源雅俊《がしゅん》という「餘《あま》りに腹あしき」人の孫である。祖父卿は、「常に歯をくひしばり、いかってぞおはしける」と『平家物語』に見える。その遺伝的素質が俊寛にもあるのだ。だから、僧とはいいながら、行ない澄ましたところはほとんどなく、いわゆる「悪僧《あくそう》」とも評すべき人物である。

そこで後白河院《ごしらかわいん》を奉じて平家転覆を謀った「鹿《しし》の谷の変」の一味ともなったのである。が、この挙は密告によって破れる。ただ、平康頼《たいらのやすより》と丹波成経《たんばのなりつね》は、本来が公家らしく軟弱な人柄であるから、鬼界島流謫《るたく》以後はもっぱら熊野詣《くまのもうで》の真似事などをして心遣《や》りをしている。これが本曲の前半部である。

しかし俊寛は一人この行ないに加わらぬ。ここが後半部への伏線になっている。『平家物語』では「俊寛は自分が取り立ててやったのに、恩を仇《あだ》で返す奴!」と清盛《きよもり》が立腹して一人だけ赦免から除かれたとある。能のほうにはその説明はないが、要するにそれは、「皆様御存じの筈《はず》」

なのであろう。したがって本曲のテーマはもっぱら俊寛の置去りの場面の悲哀に集中している。

ここで、『俊寛』における時空について少し考えてみたい。一見して明らかなように、本曲は鬼界島《きかいがしま》に赦免使の到着する直前から、慌ただしく去ってゆくまでの、ほんの半日ばかりの事を描いている。

にもかかわらず、私たちは、この曲の内に、遥《はる》かに遠い空間と涙ぐましいほどの長い時間とを印象するのである。その秘密はどこにあるのだろうか。

まず幕開き、二人のツレ（康頼と成経）が熊野詣の真似事をしている。既にこうして毎日毎日過ぎてきたことが、まず提示されるのである。そうしておいて、シテ俊寛が出るという段取りになっている。

そのシテの登場を飾る「一セイ」の謡には「不信第一」と謳《うた》われた悪僧俊寛の面魂《つらだましい》と配所の煩悶《はんもん》とがよく表れていなくてはなるまい。俊寛のシテを演ずるものは、悪いだけでも苦悩しているだけでもいけないということに留意すべきである。

「飲むからに、げにも薬と菊水《きくすい》の、げにも薬と菊水の、心の底も白衣《しらぎぬ》の、濡《ぬ》れて干す、山路の菊の露の間《ま》に、我も千年《ちとせ》を、経《ふ》る心地する、配所《はいしょ》はさても何時《いつ》までぞ、春過ぎ夏闌《た》けて、また秋暮れ冬の来るをも、草木の色ぞ知らするや、あら恋しの昔や、思ひ出は何につけても、あはれ都に在りし時は、法勝寺《ほっしょうじ》、法成寺《ほうじょうじ》、たゞ喜見城《きけんじょう》の春の花……」

シテが茫然《ぼうぜん》とした趣で謡うこの上歌は、案外重い働きがある。一言でいえば懐旧の情の

俊寛　津村禮次郎

表出がこれである。遥かな昔、まだ何の苦労もなく都の特権階級の一員として過ごした幾多の春秋が「喜見城の楽しみ」のごとく懐かしまれる。それと今とを隔てるものは、それから幾度も去来した、空々漠々たる配所の春秋である。その無意味な茫漠たる時の流れを断ち切るごとく、「早船《はやぶね》の、心に叶ふ追風《おいて》にて、舟子《ふなこ》やいとゞ勇むらん」とワキ赦免使が再登場するのである。この俊寛のうつけたような表情と、「ハヤブーーネノーー」と颯爽《さっそう》たる謡に彩られた赦免使登場の、落差の大きな、そうして時空の不連続な展開が、配所の長い時と、都からの波路の遥けさとを、おのずから描き出すのである。

やがて、俊寛の名は赦免状に無いことが知らされる。『平家物語』では、俊寛が成経に向かって、「俺がこんな目に遭うというのも、元はといえばお前の親仁が謀叛《むほん》なんぞ起したからだぞ」などと、見苦しい往生際を見せるのだが、能はそこをきれいさっぱり切り捨ててある。その意味では、能の俊寛のほうがよほど剛直であるかもしれぬ。

そしてむしろ、本曲作者の描きたかったものは、「頼むぞよ頼むぞよ」「待てよ待てよ」と呼び交しつつ、だんだん去って行く舟影と、海漫々《かいまんまん》たる水平とであったに違いない。地謡も、これに呼応するごとく恋々《れんれん》と低徊《ていかい》して、余情《よせい》の内にシテばかりが取り残されるのである。ここに再び、独り取り残された俊寛の、都への遠い憧憬《しょうけい》と、なお続く配所のやるせない時とが、われわれの意識を満たすのである。かかる時空の遥けさが『俊寛』の一つの重さになっていることは充分に味わっておかなくてはなるまい。

# 猩々乱　しょうじょうみだれ

この曲が中国揚子江《ようすこう》のほとり、金山（これをカネキンザンというのは、もう一つ「径山」と書いてキンザンと読む、いわゆるコミチキンザンと区別するためである）という里の話としてあるのは、猩々というものが中国に古くから伝わっている伝説上の動物だからである。中国の古い百科事典によると、人面豚身だの、猿の体に人の顔だの色々な伝承があって一定しないが、色が赤いことと酒を好むという点はほぼ一致している。その血で染めた赤い絹を猩々緋《ひ》といい、それはまた天然痘を防ぎ、長寿をもたらした、などというのだが、そんなところから、段々めでたい瑞獣《ずいじゅう》のごとく印象され、そのイメージに基づいて本曲のもとになったような説話が日本で作り出されたものと推定される。

『石橋《しやっきょう》』といい、『鶴亀』といい、めでたい曲が多く中国物の形をとるのは、そのエキゾチックな美しさもさることながら、海の彼方《かなた》に「常世《とこよ》」という理想郷（魂の故郷）を思い描いていたわれわれ日本人の発想の型のしからしむるところとも見ることができるであろう。本曲はそのうえに孝行致富譚《たん》の形式をも採り入れ、猩々出現の理由を分りやすく説明しているのである。

ともあれ、猩々は能では「海中に棲《す》む」生物であるということになっているものの、さてその実体は何だというと、じつはよく分らない。詞句の一つ一つ、いかにもめでたく楽しく書かれ、浮きやかな節遣《ふしづか》いと合せて、その意味などは考えずに済ましてきたというのが本当のところだろう。謡本の注には「酒を好んで戯れる可憐《かれん》な少年の姿の妖精」と、分ったようなことを漠然と書いてこと足れりとしているが、どこからそういう者が思いつかれたというのであろう。瑞獣と見えるが獅子《しし》や龍や麒麟《きりん》のように出自の明らかな高位のものとは明らかに違っている。

近時の研究によれば、民俗芸能の世界に、「獅子舞」の先払いの役割の「猩々舞《しょうじょうまい》」という芸能があって、それは、獅子に圧服せられる形を象《かたど》って、以《もっ》て祝福の意を表《あらわ》す者の由である。つまりは、まず最初に猩々という妖《あや》しげなモノが出現してなにか悪さをしようとするところへ、雄々しくも獅子が現われてこれを屈服させ、天下の平和を言祝《ことほ》ぐという仕組みなのである。

そこで、古くこの種の祝言を専門とする芸能団があって、その所演の猩々舞（誰でもが目に親しかったところの）を核として、能楽化したというところに、この『猩々』の出自があろうというのである。これは金井《かない》清光《きよみつ》氏説であるが、首肯《しゅこう》すべき考えと信ずる。

そういう、「獅子舞」（これは『石橋』・『望月』に採られている）や、「猩々舞」、または、

猩々乱　津村禮次郎

「東遊」、「大和舞」等々、種々の先行独立芸能を戯曲の枠の中に包み込んで、能は豊かな成長を遂げたのである。私たちは、それらの古芸能の面影をまで想起する必要はないかもしれない。しかし、少なくとも、昔の人々が能を見た目は、かかる古芸能を知っていた目だったということに心付かねばなるまい。それが、能を数多《あまた》の俗説から解き放つ道筋ではなかろうかと思うのである。

ともあれ、本曲は、ドラマとしてはほとんど内容がない。ただ祝言のために猩々が現われて、酒を酌みつつめでたい舞を舞ってみせる、というところに本曲の意義は尽きるのである。「乱《みだれ》」は、その替えの型の一つにほかならないのだが、実際はやや独立的に扱われる。それだけ一曲としての位が高くなるわけである。この演式のときは、装束や扇などもみな変り、猩々の舞が非常に強調されて印象的に描かれる。文字通り、囃子《はやし》のリズムが、波のように大きくうねり、緩急入り乱れて、面白く綾《あや》なすのである。それはあたかも水中からゆらりゆらりと現われる猩々の姿を髣髴《ほうふつ》と描き出しながら、同時にまた酒にふらつく足元をも想起させる仕掛けである。それだけ難しく、しかし華やかで、祝意の横溢《おういつ》する曲柄となる。「双之《そうの》舞《まい》」は、これをさらにシテ・ツレ二頭の戯れ舞う型で見せようというので、なお一層視覚的に華麗な演式である。こういう曲を見る時に、能という芸能の、プロットを滅却した面白味が、誰の目にも感じられることであろう。

また、小書「置壺《おきつぼ》」は、その長寿の酒壺を、作物《つくりもの》によって具体的に見せるのが大眼目である。そして、「置壺」で「乱」のときは、常の「乱」と違って、中之舞から、中間部（段）を省いて、直《じか》にすらりと乱へ移って行く。そのようにして、いつしか酔乱に赴くさまを、なだらかに見せるという趣旨であろうと理解される。

# 正尊《しょうぞん》　起請文《きしょうもん》・翔入《かけりいり》

義経《よしつね》は、今風にいえばゲリラ戦の名手で、『平家物語』で見ても、その戦功は、一にかかって奇襲戦法による。小兵《こひょう》にして力も弱く、こういうところにしか彼は活路を見出《みいだ》せなかったのであろうが、そうした天狗流のゲリラ戦法は、ひるがえっていうと、油断もすきもならぬ男ということになるわけで、頼朝からみれば、いつ寝首をかかれるか分らないという猜疑心《さいぎしん》をもたざるを得なかったのであろう。ここに、頼朝と義経の不和の、もっとも根本的な理由があったに違いない。

そこで、毒には毒を、というわけか、頼朝は、土佐房正尊《とさのぼうしょうぞん》という刺客を放って、ゲリラ奇襲戦法で義経をたおす計略をめぐらした。しかし、ゲリラは義経が一枚も二枚も上手、正尊は、たちまち正体を見抜かれてしまい、義経の糺問《きゅうもん》を受ける身となった。何もかも、義経にはお見通しなのだが、正尊は、なんとかこの場をのがれんとして、諸神諸仏に誓言《せいごん》を込めた「起請文《きしょうもん》」を即座に読み上げる。これが木曾《きそ》の「願書《がんじょ》」、安宅《あたか》の「勧進帳」と並んで「三読物《さんよみもの》」と称せられる、名高い「起請文」の読み上げである。

正尊　観世喜之　鏑木岑男

この部分「起請文」の小書付きのときは、独吟で謡われる。ところがそのじつ、この起請文の「自分は討っ手にのぼったものではない」という誓言を、シテもワキも、誰一人信じていない、というところに、ここの面白味と難しさがある。嘘と知っているなら、その場で斬り捨ててもよいのだが、しかし、即座の機転、敵ながら天晴《あっぱ》れと、ひとまず放免すること、これすなわち武士の情けというところであろう。この後酒宴になって、子方の静御前《しずかごぜん》の舞などを挿んで、やや愛らしい彩りをそえ、それが、後場の荒々しい切組みの前の、一種の安息となっている。

後場は、丁々発止の大立廻《まわ》りで、もっとも力強い動きの多い能の一つとなる。ことに、「翔入《かけりいり》」の小書のときは、大ノリの「喚《おめ》き叫んで戦うたり」のあとに切組みの「カケリ」が挿入され、ここがシテ方工夫のところである。こうして、ズラリと多くの人物を配した力感あふれる劇能は正尊一味の逮捕を以《もっ》て終わる。『平家物語』ではこの後正尊は斬首されるのであるが、義経も、いよいよ頼朝に攻められて都を落ち、奥州高館《たかだち》の城に滅ぼされるまで、『舟弁慶』『安宅』など多くの判官《ほうがん》物の名曲を残すのである。

# 隅田川　すみだがわ

本曲は、現在能の狂女物として屈指の名作であるが、世阿弥の子息観世十郎元雅の作にかかる。おしなべて能の悲劇中にあっても出色の名曲と評すべきかと信ずる。話は単純である。最愛の子をかどわかされた女が、悲歎《ひたん》し狂《きょう》して、東《あずま》に流れてくる。その隅田川の渡しにおいて、渡し守から児の死を知らされる。やがて大念仏《だいねんぶつ》の功力《くりき》によってか、一瞬、我が子の声を聞き、姿を見たような気がする。が、東雲《しののめ》の光によく見れば、「我が子と見えしは塚の上の草……」であった、というのである。まことに、どこにも救済のない、遣《や》りきれぬような曲である。

ところで、現代われわれは東京にいて、「地元の話」として本曲を印象せざるを得ないのであるが、それではじつははなはだ面白くないということにも注意しておきたいと思う。「隅田川」と聞いて、往古の能作者が印象せしめようとしたものは「東の果て」ということであった。能を作り、見た人々は主に都人《みやこびと》である。彼らから望見すると、すぐ逢坂山《おうさかやま》を越えればすでにそこは、鄙《ひな》なのであり、さらに箱根《はこね》八里を越えると、なにがあるか分らな

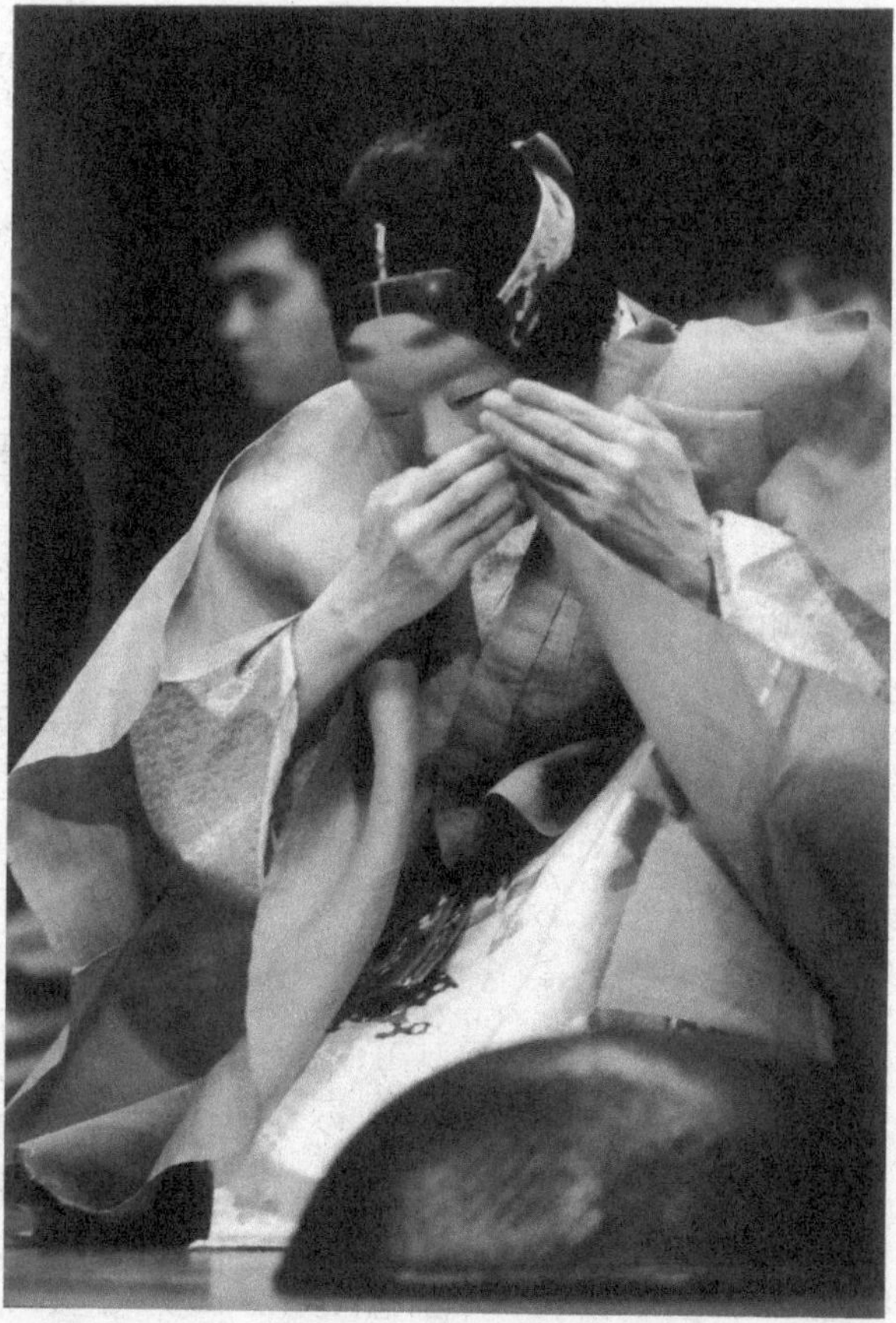

隅田川　橋岡久馬

い異境であった。それを「果てしもなみの武蔵野《むさしの》」などと言った。そうして、そのいちばん向こうの端に隅田川が流れ、それを渡るとその先はもう未開の奥地に入っていくのである。それが「道の奥」つまり「みちのく」であったわけで、隅田川がどういうところに位置していたか、それはとうてい現在の感覚では、想像しきれないことかもしれない。

しかも隅田川は、何よりもかの『伊勢物語』の「東下り」の地であった。「東下り」は、まさに、かかる地の果てにまで流れきて、そこに「都鳥《みやこどり》」の鳴くを哀れむところに都人の共感が寄せられるのであった。ただ、『伊勢物語』では、渡し船の上の昔男の思いは、遠く隔たった都の、その「妻」に向けられてあったが、本曲のシテ狂女（母親）の思いは、どこにいるとも知れぬ漠然たる「我子の幻」と、懐かしい都の空とに分裂して、古物語のもたっていたある種の甘味は、ここには求むべくもない。

この陰惨なかどわかしの現実を、しかし、単純にあからさまに描くのではなくて、古物語の仄《ほの》かな甘味を、裏に透かし見せながら運んでいくところに、まずは本曲の味わうべき心があろう。

ところで、本曲には、詞章上二つの焦点がある。

その一は、渡し守の語りに落涙せる狂女が、いつのことか、その児《ちご》の年は、主の名は……と聞き募って絶望していくところ、何ぴとも親子の情において、この女の悲痛に同ぜ《せ》ざるを得ないであろう。続いて、ワキが「親類とても尋ね来ず」と言うと、女が呟き込むごとく「まして母とても……」と責めていく詞の用意、哀切極まりないことである。

次にその二は、弥陀《みだ》の名号《みょうごう》を唱和するところである。シテ・ワキ同吟から、地謡に引き取って南無阿弥陀仏《なむあみだぶつ》の声のうちに、幻のごとく子方の声を聞かせるところ、この見事な演出上の用意には驚かされる。もっとも、世阿弥はこのところ子方を出さぬがよいと主張したことが知られている。現在、まれにこの子方を出さぬ演式が試みられているけれど、どうしても幻のごとくに子供の声を聞かせるという趣向には及ばない。それゆえ、場合によって、作り物の「山」の中に、子方を入れっぱなしにして、声だけは聞かせるけれども姿は現わさないなど、いくつもの演出法がある。

ともあれ、現《うつつ》か、幻か、あれは我が子かというち、その子の幻のフッと消えて、東雲《しののめ》のほのぼのと、また現実に立ち戻るのである。

悲劇は救いのないまま、放心したように終了する。その放心、余情までも、作者は思っていたのかとさえ、疑うのである。

かくて作者は、古今秀逸なる戯曲を用意した。

あとは、演者と見者との感受性に待つばかりである。

# 善界《ぜがい》

唐土の大天狗《てんぐ》善界坊が、自国の仏道修行者はたいてい天狗道に引き入れたから、ひとつ小しゃくな日本の坊主どもを魔道に引き入れようと思って、はるばると日本へ渡ってくる。それについて、まずやってきたのは、日本の天狗界の代表選手たる愛宕山の太郎坊のところである。太郎坊が善界坊の来日を知って「やさしくも思《おぼ》し召し立ち候《そうろう》ものかな（これはまた風流に思い立たれたものですなぁ）」というのはパロディであって、こんな言葉は本来和歌の修業に諸国を巡歴する人にでも言いそうな言葉である。能にはユーモアなんか存在しないと思うと大きな間違いで、じつはこんな風のそこはかとないユーモアがさりげなく息づいているのである。これは、日本の天狗や鬼が常に負わされている「道化」的な役割が作劇の上に投影された形である。

太郎坊は、しかし、「我等如きの類《たぐい》として、たやすく窺《うかが》ひ給《たま》はんこと、蟷螂《とうろう》が斧《おの》とかや……」などと頼りなげなることを言っているところをみると、どうも不動様にやっつけられそうで自信がないのである。つまるところ、結末はすでに暗示されているのである。

善界　中所宜夫

ま、しかし、そうグズグズしてもいられない。二人はフワーッと飛び上がると、比叡山《ひえいざん》へ飛んでやってくるのであった（中入）。

その飛んで行く先が比叡山なのは、顕密兼学《けんみつけんがく》の道場だからという理由のほかに、そこが都の東北（丑寅《うしとら》）の隅に当っていて、陰陽道では悪魔外道の入り込む入口の方角と考えられていたからである（それ故にこそその守りとして延暦寺《えんりやくじ》を置いたのだ）。

後に登場するワキは比叡山の僧である。名は明らかにされていないけれど、勅を受けて上京する途中だというのだから、法力の強い高僧に違いない。後場は、まったくこの高僧と善界坊の対決、言い換えれば不動明王を始めとする守護の諸天と、外来の魔との対決であるが、もちろん結末は予《あらかじ》め見えている。

水戸黄門の印籠《いんろう》と同じことで、結果は見えていて一向に構わないのである。ただ、そうやって外来の魔道が土着の神仏に圧服せられるところを見せて、それで鎮魂祝福の意図を明らかに示すところにこういう曲の主旨があったからである。

# 千手　せんじゅ

平重衡《しげひら》は清盛の子であるが、なかなか勇猛な武将であった。そして、なおかつ琵琶《びわ》をよく弾くという風流人でもあって、平家の公達《きんだち》としては頗《すこぶ》る魅力をそなえた人物である。その重衡が一ノ谷で捕虜になって鎌倉に護送され、処刑を待つ身の上となってつれづれと暮らしている時の話が本曲である。

春も末、外にはザーッと雨が降っている。そういう季節のそういう雨の日を自分の経験の中から捜し出して、それをこの曲のいわば通奏音として想起しておくとよい。

曲自体はじつのところ、大きな劇的展開があるというわけではない。その幽閉中の重衡のもとへ、頼朝の命を受けて、駿河の手越《てごし》の長《ちょう》の女《むすめ》、千手（遊女）が遣わされてくる。これがシテであるが、ドラマの進行上は、シテ千手とツレ重衡とは並列の共シテともいうべく、どちらも同じように重要な役割だと言ってよい。

で、本曲の眼目は、この千手と重衡が、芸尽くしをするという趣向にある。その芸尽く

千手　梅若万紀夫　梅若万佐晴

しの中に、現世の安穏を祈る道真《みちざね》の朗詠あり、死後の引摂《いんじょう》を願う具平《ともひら》親王の句あり、クセ舞には道行あり、「四面楚歌《そか》」の故事あり、序之舞あり、琵琶琴の合奏の描写ありとまことに多彩で、見る人を飽きさせない。

しかし、私の見るところ、シテの千手が、一度は対面を断られるものの、結局許されてみずから妻戸（これはいわゆる観音開きのドア）をキリリと押し開いて入ってくるところ、ここに一曲の位を決定する大きなポイントがあろうかと思われる。

> その時千手立ち寄りて、妻戸をきり〳〵と押し開く、御簾《みす》の追風《おいかぜ》匂ひ来る、花の都人に、恥かしながら見《まみ》えん。げにや東の果《はて》しまで、人の心の奥深き、その情こそ都なれ、花の春紅葉の秋、誰《た》が思ひ出となりぬらん

戸を開くと同時に、外からは降りしきる雨音が侵入し、若く美しい女の姿が現われ、と同時に、室内の御簾の陰からは重衡の体に焚《た》きしめた香の薫《かお》りが鼻を穿《うが》つのだ。雨の日の湿った空気の匂いや、若葉のむせるような匂いもあるだろう。このシーンの立ち姿と謡の奥深さが、後の芸能や重衡の悲しさを丈高く演出するのである。緊張する一瞬である。つまり、そういうなにげない場面、ある通過点のような一瞬に、案外凄《すご》い劇的緊張が隠されている、というのが能のまことに面白いところで、見るほうも気を抜くことができないのである。

# 草子洗小町

そうしあらいこまち

小町を材にとった能の中で、本曲は、珍しくその「老残《ろうざん》」を扱っていない。ここに描かれる小町は、若盛りの美しい女流歌人としてのそれである。

この話は、やや大げさにいえば、一種のミステリー謎解きの趣向になっている。まるで刑事コロンボみたいに、はじめから犯人は分っていて、それを衆人環視のうちに解きあかして見せるというのが、全体の仕立てである。

昔、大伴黒主《おおとものくろぬし》と小野小町が帝《みかど》の御前で歌合《うたあわせ》をすることになった。ところが黒主は、自分に勝つ見込みがないことを見越して、こっそりと小町の屋敷に忍び込み、かねて用意中の小町の歌「蒔《ま》かなくに何を種とて浮き草の波のうねうね生ひ茂るらん」を盗み聞いて、それを『万葉集』の中に書き入れた。そうしておいて、いざ本番のときに、「その小町の歌は、万葉集に出ている古歌の盗作である」と根も葉もないことを申し立てたのである。相手の反則失格を狙った卑怯未練《ひきようみれん》なやり口である。ところが、問答ののち、小町の申し立てを採用した審判の貫之《つらゆき》が草子を洗ってみたところ、あとから加筆した歌だけが跡形もなく

草子洗小町　津村禮次郎

消え、小町の濡《ぬ》れ衣《ぎぬ》が晴れた。ざっといえば、そういう話なのである。

さて、本曲のような話が本当にあったのかというと、もちろんこれは純然たる虚構であって、本曲のテーマ「蒔かなくに何を種とて云々《うんぬん》」の歌も、小町の作ではない。ここでの悪役、大伴黒主は、小町より一世代前の人で、こういう事実は、実際はありようがないのである。なぜ小町と黒主がこのように造型されたか…。

『古今集』の「仮名序」（貫之作と伝える）に、小町を、

「衣通姫《そとおりびめ》の流れ　いはば良きをうなの、なやめるところあるに似たりけり」

といい、いっぽうの黒主を、

「そのさまいやし。いはゞ薪を負へる山人の花の陰に休めるが如し」

と評したのにつけて、悩める美女としての小町と、いやしい人格としての黒主を拉しきたったと見るのが当っていよう。

この争いに裁きをつける側に紀貫之を置いたのは、むろん、「仮名序」における批評者、ということの形象化であろう。後半の山場たる、ロンギ「草子洗」のところなども、いちいちの行文の背後に、この『古今集』「仮名序」を読み取るほどのことは、昔の、教養ある観客には、造作《ぞうさ》もないことだったのである。

# 大瓶猩々　たいへいしょうじょう

本曲は、今さら筋を云々《うんぬん》するには及ばないであろう。

即ち、祝言曲として夙《つと》に名高い『猩々』と同工異曲の曲柄であって、要するに、中国の金山（カネキンザン）の麓《ふもと》に、親孝行の高風《こうふう》という者があって、その孝行篤《あつ》しきに愛《め》でて不思議の瑞獣《ずいじゅう》猩々が海底から現われ、富貴を授けるというのに過ぎない。

『猩々』には「置壺《おきつぼ》」「乱《みだれ》」「七人猩々」などという特殊演出があって、それぞれに華やかな祝意を強調するのであるが、その代わり本来前後二場の複式能であったのを省略して一場のみの単式能に単純化してある。

本曲は『猩々』以後に、これらの「小書」から脱化して形成されたものと考えられる。ただし、本曲は前後両場を備えた複式能の形式を保ち、その上で短い単純な筋立ての中に複数の猩々をずらりと登場させて、舞台中央の大きな瓶を巡って舞を見せ、全体で華々しい感じを横溢《おういつ》させるわけである。したがって、一曲のクライマックスは言うまでもなくシテ・ツレ相舞《あいまい》の中之舞《ちゅうのまい》であって、舞台と橋懸りとに展開して舞う姿は誠に天下太平の恵み

遠藤六郎　長山礼三郎　観世喜正　駒瀬直也　弘田裕一

を印象させる。すなわち、「大瓶」は「太平」なのであって、「孝行」を奨励し「太平」を謳歌《おうか》した徳川時代にこそ、こういう曲の生みだされる理由があったのではないかと推量するのである。

大瓶猩々

# 高砂　たかさご

本曲には、私どもの「民族の記憶」が豊かに息づいていて、それがこの曲を、能を代表する祝言曲たらしめていると言えようか。

「松」は、本曲の大主題であるが、その形而上《けいじじよう》的な意味は、今ここに事新しく説くにも及ぶまい。春日若宮《かすがわかみや》の御祭《おんまつり》に影向《ようごう》する神の御座《おまし》たる「影向の松」、古くはまた、日本武尊《やまとたける》が、「尾張《おわり》に直《ただ》に向へる、尾津《おつ》の崎《さき》なる、一つ松、あせを。一つ松、人にありせば大刀《たち》佩《は》けましを、衣《きぬ》着せましを、一つ松、あせを」と道の祈りを込めた「尾津の一つ松」、有間皇子《ありまのみこ》が、「磐代《いわしろ》の浜松が枝《え》を引き結び真幸《まさき》くあらばまた還《かえ》り見む」と悲しい希望を詠じた「磐代の浜松」、それらはみな道のほとりの松であったし（つまりそういう道の辺の目に立つ松の古木に道祖神のような神が鎮まっているのである）、近くは「門松」、そして何よりもこの舞台の正面なる「鏡の松」、数え上げては切りがない。

松は、すなわち神の憑《よ》り代《しろ》にほかならないのである。

その松が、ここでは高砂と住吉《すみよし》、相生《あいおい》の松とて、「夫婦松《めおと》」としての造形が施されてい

高砂　清水寛二

るだけのことである。

さて、妹背《いもせ》のわざは、例えばイザナキイザナミの国生みを見ても知れるごとく、国をさえ生み得べき神秘的生産の神事であった。各地の祭にやや猥雑《わいざつ》な疑似性行為を見せるのも、それに神が感染《かまけ》て、自然に多くの子（＝実り）を産むべき神事と看《み》なされたがゆえである。その陰陽二体の神を、前場では木の下を掃き清める形で見せるのは、日本の神々が何よりも清浄《しょうじょう》を喜ばれたからである。そして、老体＝「老い」は、長く持続せる生命力の、それに対して人々が「あやかる」呪力《じゅりょく》であったに違いない。

こうして、幾重にもめぐらされた民俗としての祈りが、後場、若々しい生命力を具《そな》えた神体として出現して、その「威力」を見せつけるのである。

意義深いと言ってこれほど意義深い曲もあるまい。

# 忠度　ただのり

『平家物語』に描かれる忠度は、一方の大将軍で、年は四十の壮年、黒ずくめの軍装で、逞《たくま》しい馬に乗った豪勇の武将である。しかもそれでいて歌道の達人であるところが真骨頂であって、自作の歌巻《うたまき》を託すために都の師、俊成《しゅんぜい》の邸へ馳《は》せ戻ったり、辞世の短冊をたばさんで戦さに臨んだり、まさに余裕綽々《しゃくしゃく》たる武者ぶりであった。

しかし、世阿弥は、そのような人間として忠度を描いていない。能の忠度は遥《はる》かに軟弱である。それは、修羅物とはいいながら、戦さの勇武や修羅の苦患《くげん》を描くのが目的ではないからである。

要は、

行き暮れて木の下蔭を宿とせば
　花や今宵《こよい》の主ならまし

の歌一つに主題を絞り込んで、そこへ向けて諸々の状況を収束せんとしているからである。

忠度　観世銕之亟

能の忠度は、それゆえ、敦盛のようにも若々しい白面《はくめん》の風流貴公子であって、村紅葉《むらもみじ》の錦《にしき》の直垂《ひたたれ》など着なし、『千載集』に自詠歌を「読人不知《しらず》」とされた、その無念の妄執によって出現するということになっている。この『千載集』所収歌は、じつは、

さゞ波や志賀の都は荒れにしを
　昔ながらの山桜かな

という、間狂言に述べられる一首で「行き暮れて」の歌ではないのであるが、本曲では「行き暮れて」の歌が『千載集』に採られたかのごとく書かれ、「さゞ波」の歌は問題にしていない。それはつまり、この歌の主題たる一木《ひとき》の桜、それを極心として、俊成ゆかりの脇僧、前シテの老人、忠度の亡霊が、統一された空間にぴたりと収まって、主題が分散せぬよう、巧みに配慮されたものであろう。

されば、舞台の屋根は、いわば、満開の桜の枝なのである。

# 龍田　たつた

本曲は、神と人との交感を主題とする。決して、紅葉が美しいというだけの曲ではない。そのキイワードは、曲中に三度繰り返される「和光同塵《わこうどうじん》」という語である。神仏の威光を和《なご》めて、衆生《しゅじょう》の塵《ちり》に交わるということの謂《い》いである。その交感の媒体が、紅《くれない》に照る紅葉であって、それは神への供物《くもつ》でもあり、また神の依《よ》る樹でもある。したがって、神前の川なる紅葉を散らさんか、たちまち神と人との「中断《なかた》ゆべし」というのである。

さて、この神人の交流は、純脇能のごとく、神の化身なる前シテと、神体なる後シテという構造によって表されるのではない。本曲にあっては、龍田社の巫女《みこ》に神が憑依《ひょうい》して（一種の物狂《エクスタシー》いのごとくにして）、われわれの目前に現われるのである。

中入前の上歌《あげうた》で、巫女が榊《さかき》葉を採りかざしつつ宮巡りをするというところは、この神懸りにいたるまでの所作を象徴的に表している。そうして、巫女に降《お》り来たった神は直ちに紅の光を放って（すなわち「和光」の暗示である）、来るべき後シテを予告するのである。

かくして、やがて神格化し神と同一体になった巫女（すなわち「同塵」の暗示である）

龍田　大島政允

の芸能が、外ならぬ「神楽《かぐら》」である。

後場は、すべてこれ紅と朱の光の交響曲であって、そこに清冽《せいれつ》な冬川を配し、その波音を響かせる。しかもそれが夜半《よわ》の闇中《あんちゅう》に突如現出するので、その光輝が一層強調されるのである。

この交響曲は、キリの終わり「治まりて」でツヨ吟に転調するところで、ふと響きやむ。見逃してはいけない。神の憑依が終わった瞬間である。

# 玉井《たまのい》

『玉井』は、有名な「海幸彦《うみさちひこ》・山幸彦《やまさちひこ》」の説話の劇化であるが、この話はよほど広く語られていたとみえて、『日本書紀』では何種類もの話型を併収している。しかし大筋は同じで、弟山幸彦が海中へ兄の釣針を求めに行き、そこで特殊の呪力《じゅりょく》を得て心の直《なお》からぬ兄海幸彦を従属させるという、一種の貴種流離譚《きしゅりゅうりたん》を主プロットとし、副プロットに山幸彦と豊《とよ》玉姫《たまひめ》（＝龍）との異類婚譚《いるいこんたん》を交える。

よく知られていただけに、本曲は却《かえ》ってこの筋を追うことをせず、その一部分のみを劇化して見せている。そのため現代ではいくぶん分りにくいところもあるかもしれぬ。

すなわち本曲は、呪術で兄を戒める部分や、豊玉姫の「鶴女房」式の異類出産の部分は省いて、ただに彦火々出見尊《ひこほほでみのみこと》（山幸）と豊玉姫との、「玉の井」のもとにおける出会いと、海神《わたつみ》の宮での輝かしい日々のさまとを、一種桃源郷的な行きかたで描いて見せる。

そのため、後場で、「潮満潮涸瓊《しおみつしおひるのたま》」など出してみても、何のためやら分らず、豊玉姫の懐妊も、ただその事実が仄《ほの》めかされるに止《とど》まっているなどは、劇としてはたしかに不完全

玉井　喜多六平太

なところであろうが、それは「こっちで知っていなければならないこと」だということである。その代わり、豊玉姫玉依姫《たまよりひめ》の相舞《あいまい》を挿《さしはさ》み、海神を龍王に造型して、後シテで雄壮な趣を添えるなど、レビューとしての華やかな盛上がりは、充分にはかられているというべきであろう。

# 田村　たむら

幕開き、ワキは東国方《とうごくがた》から出た旅の僧である。ワキの一団の次第から道行にかけて、弥生《やよい》の清水寺の、麗々《うらうら》とした都の春を点綴《てんてい》するや、ただちに現われた花守《はなもり》の童子（前シテ）が、これに応ずるごとくにして、一声《いっせい》から下歌上歌《さげうたあげうた》と、再び桜一色の景色を謡いわたるのである。

ここの行文、舌頭《ぜっとう》に三転して、味わうべし味わうべし、本曲前場の主旨は、まったくこの満開の桜木の花の色にあるといってよいのだから。

やがてシテの、この清水寺縁起の語りを以て、前場後場を結ぶ「観音鑽仰《さんごう》」の趣意が呈示される。これより、信仰と美景とが渾然《こんぜん》として綾《あや》なすうち、前場はいよいよ最高潮に達するのである。

……や。ご覧候へ、音羽《おとわ》の山の峯《みね》よりも、出《い》でたる月の輝《かかや》きて、この地主《じしゅ》の桜に映る景色。

山峻上の月と薄暮《はくぼ》の桜。このあたりを「名所教え」と通称するのであるが、この構図の大きな叙景の作意、まさに千金の重みがある。すなわち「……や。」というシテの嘆息とともに、私どもも等しく月花《つきはな》の色を仰ぐべきである。

さて春宵《しゅんしょう》の山を背に、この常ならぬ風情の童子は、田村堂に姿を消す。すなわち、その身は坂上田村麿《さかのうえのたむらまろ》の化身だったことが暗示されるのである。

後場は、もっぱらその坂上田村麿の颯爽《さっそう》たる戦いぶりと、千手観音《せんじゅかんのん》の擁護《おうご》とを、厳粛に、しかも凛々《りんりん》として、描き出すのである。その充実した謡の詞章といい、雄渾《ゆうこん》な節遣《ふしづか》いといい、まことに聞いていてワクワクするような興奮がある。

本曲は、一応「修羅物」の一つということになっていて、しかも「勝修羅《かちしゅら》三番」などというものの一曲として妙に珍重したりするのだが、じつのところ、この曲を「修羅物」に数えるのはいかがかと思われる。またとくにこういう曲が喜ばれたのは、徳川氏が「征夷《せいい》大将軍《たいしょうぐん》」であり、そしてこの曲が初代の征夷大将軍田村麿が外敵を倒して国家の平和をもたらす話だったからであろうかと思われる。そして、そういうことは、この曲の本質的な価値とはほとんど何の関係もないのである。

そこで、むしろ注意したいことは、前場の長閑《のどか》な春日が、後場の勝ち戦《いくさ》によってもたらされているという、因果の一環をなしていることである。それゆえ、前場の美は、ただの美に止《とど》まらず、観音鑽仰《さんぎょう》を縦糸として、首尾相応《あいおう》じて、よろしく本曲全体を統一し得ているのだという点である。

されば、かの山上の月影は、案ずらくは、単なる月ではないのであろう。

田村　津村禮次郎

# 鶴亀

つるかめ

本曲には、これといった筋はない。

要するに、中国の皇帝をイメージしたシテ「皇帝」の面前で鶴と亀とが長寿を授ける相舞を奉仕し、そのめでたさに君も御感《ぎょかん》なのめならず、とうとう御みずから楽《がく》の舞を舞って見せる、というだけの単純な結構で、全体として春の浮きやかなめでたい風情を見せるのに過ぎない。鶴と亀はそれぞれ女と男に配し、子方を以《もっ》てすることもある。

謡曲入門の第一曲である本曲は、謡曲としては何の難しいところもなく、誰の耳にも親しいことと思うが、意外にその成立は古くはないらしく、作者も分らない。

思うに、室町時代後期に成立して、能がとくに式楽としての格式を保った江戸時代に、だんだん盛んに行なわれるようになったものであろう。場面設定や登場人物、また表現の上でも、中国風の色彩が強いので、やや見慣れない語彙も見受けられるが、あまり難しく考えずに、ただのびやかに舞われるツレの中之舞（相舞）とシテの楽からキリにかけての舞姿を、春らしい嬉《うれ》しい気持ちで楽しんでおけば、それでよい。

鶴亀　坂真次郎

# 天鼓　てんこ

本曲は作者も典拠も分っていないが、世阿弥作でないことは今日ほぼ定説になっている。よく見れば、この曲にはいささか不用意なところが認められる。というのは、本来は前シテにはツレが一緒に出て、以《もっ》て「王伯《おうはく》・王母《おうぼ》」一対の形となることを意図したものであったらしい。それで、「名告《なの》り」にも夫婦のことを言い、間狂言にも「夫婦に宝を賜ふ」云々《うんぬん》と言ったりするが、しかし実際は、現行の曲には、ツレはまったく登場しないのである。

曲柄は『藤戸』『隅田川』などと同じく、「愛児を失った親の悲しみ」というところを全体の枠組みとし、年老いた父親の嘆きが、前場を通じて描かれる。ただ、それは怨《うら》みとか懊悩《おうのう》とかいうのでなく、むしろ力無い諦めに近い。なにしろ、息子は天与の鼓を惜しむあまり帝意に背いて召しに応じなかったので処刑されたという筋なのだ。

したがって、その親の心は、全体の大主題でなく、いわば後場の天鼓出現に向けての情緒的背景をなすものという程度に理解される。

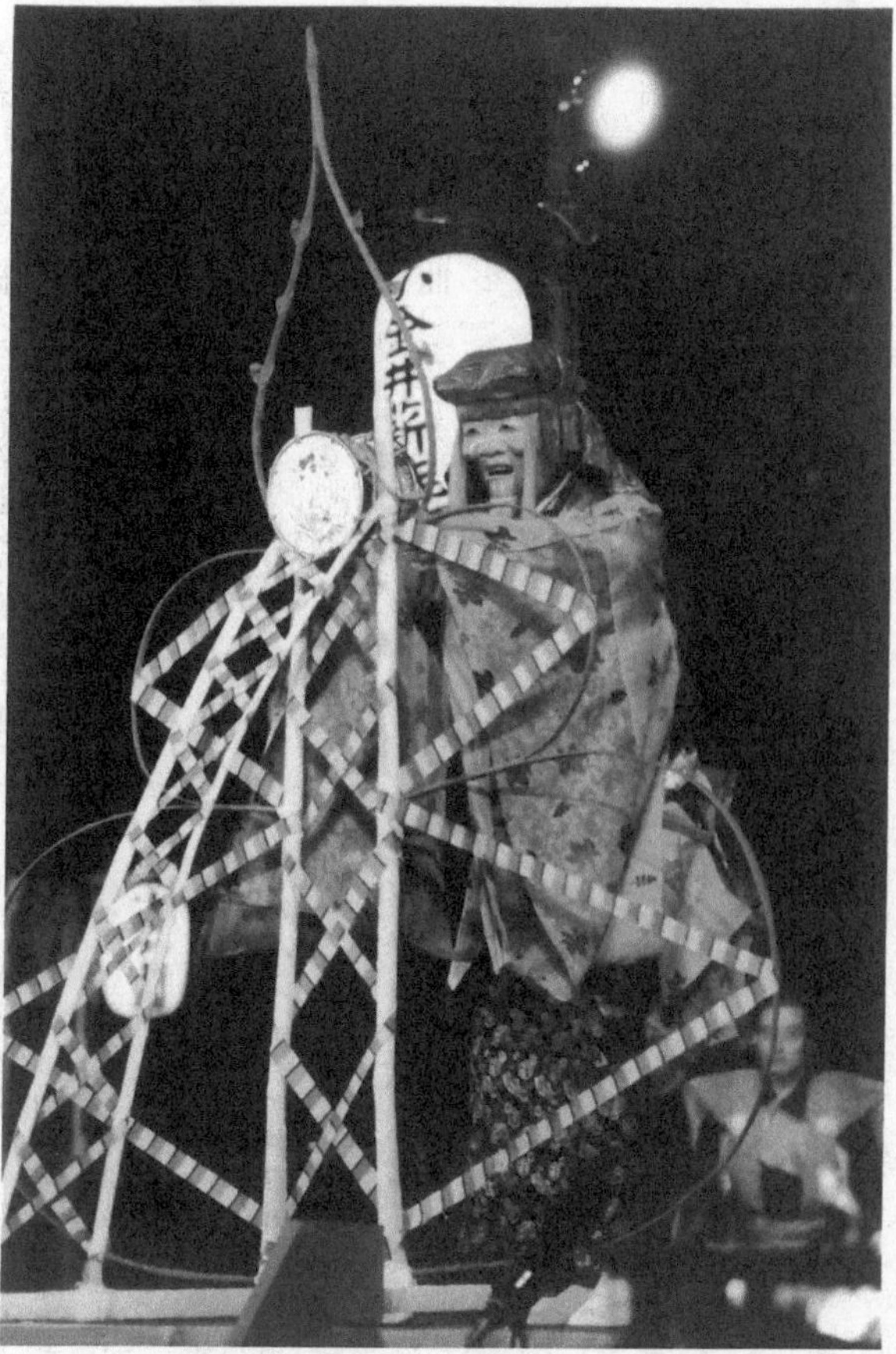

天鼓　津村禮次郎

されればこそ、後シテは管絃講《かんげん》の有難さに愛《め》でて、「あらありがたの……」と平明に現われるのである。彼はもはや怨んではいないのだ。それどころか、手向《たむけ》の舞楽の面白さに浮かれいでて、夜遊《やゆう》の舞楽に興ずるのである。このキリの舞楽遊狂のさまこそが本曲の真の主題であるに違いない。こうなると、『経正』などと一般の曲柄とみてよい。

考えてみれば、殺された者が、怨みもせず、円満に、ありがたがって現われるということの設定は、論理的には、矛盾といえば矛盾であるが、しかし、可憐《かれん》な美少年が、独り殺されて行った寂しさや、死後の呵責《かしやく》が、こうした法徳《ほうとく》によってやさしく救済されるとすれば、見ている人も、ホッと救われるのではないか。

すなわち、本曲のごときにあっては、「遊舞の面白さ」の向こうに匿《かく》されている、こうした「安らぎ」をこそ、むしろ玩味《がんみ》したいと思うのである。

小書「弄鼓之舞《ろうこ》」がつくと、前場の父の嘆きが大幅にカットされ、囃子《はやし》は太鼓入りとなって、楽は盤渉《ばんしき》に変る。こうした操作によって、本来の主題である後シテの舞楽が、一段と強調され、その分悲しみが希薄になる。後シテは、橋懸りに入ったかと思えば、太鼓の音に合わせて舞台正先《しょうさき》の鼓を打つ所作を交えたりして、呂水《ろすい》の流れに戯れる有様を具象的に面白く見せるのである。

# 道成寺《どうじょうじ》

『道成寺』は、いわゆる道成寺伝説を材とした能劇化であって、歌舞伎や舞踊などの道成寺物の祖となったばかりでなく、近世の小説類にも大きな影響を与えた。

「道成寺伝説」は、諸々《もろもろ》の説話集などにみえ、大きくは男の名を「安珍《あんちん》」とするものと、「賢学《けんがく》」とするものと二系統ある。女のほうも、その名、身分などさまざまに伝承されている。が、要するに、女の邪淫《じゃいん》が、僧の持戒《じかい》に阻止せられて、執着のあまり蛇身と化し、ついに僧を殺害するという大筋は一定している。

ところで、能『道成寺』は、じつはこの説話を語ることを主眼としない。伝説はワキの語りに一通り述べられるばかりで、何らの演劇性も付与されておらぬ。むしろ本曲はその後日譚《たん》と申すべく、かの蛇体の化女《けじょ》が再び出現して、いわばこの「鐘」この「場所」に祟《たた》るのである。

すなわち、後場、妖蛇《ようじゃ》の出現する所以《ゆえん》は、まったくその恋人の僧に対してでなく(だいいち、くだんの僧はとっくに取り殺されている!)、この場所に付いている執念にほかならないのである。

道成寺　津村禮次郎

すると、本曲のねらいは、すでに男女の恋というところを閑却している。
したがってワキは、伝説とは直接には関係のない道成寺の住僧であって、それと妖蛇との対決というのを全体のモチーフとしてある。しかるに、この験者の法力と、妖蛇の執念との対決は、見せ場としては面白いものの、それ自体は単に「その場から追っ払った」に過ぎず、そのことが本曲の主眼とはとうてい思えない。

そこで考えてみると本曲の演出上の眼目は前シテにあるだろうことが思われるのである。折節、花盛りの道成寺である。シテは白拍子（一種の遊芸者で遊女は本来この類）である。この性格はたいへん難しい設定である。何はともあれ、美しくなければならぬ。が、その美のうちに妖気《ようき》を含んでいる。それがふつふつと沸き上がりそうになりながら、辛くも美のうちにとどまっている。そこが肝要かと思われる。

美と妖とが相克《そうこく》しつつ危うい一線を保って、乱拍子《らんびょうし》に至るのである。

その葛藤《かっとう》が乱拍子に遺憾なく表現されるうちに、急之舞と変わり、やがて「山寺の春の夕暮来て見れば、入相《いりあい》の鐘に花ぞ散りける」とにわかに夕景に転じて、舞台は急激に暮れて行くのである。

花ぞ散りける、花が散る、花が散る。花の場は今や不吉なざわめきに覆われて、一気に散る花の中を、たちまち夜の闇が降り、女はついに蛇性を顕《あら》わすのである。その危うい均衡の破れる一瞬を、烏帽子《えぼし》を飛ばす型で見せるのであろう。

本曲は全曲口伝秘事《くでんひじ》の集成であり、その意味では、演者の力量が要求され、なかんずく「鐘入り・早変り」は、シテ、後見など、みな大苦心のところであるが、それは見所《けんしょ》にあっては一切与《あずか》らぬこと。

見る者はただ、この三間四方の道成寺に、サァ花が散るか、花が散るか……。

# 唐船　とうせん

唐土の祖慶官人《そけいかんにん》が日本に拉致《らち》されてきてから、十三年たった。中国に残してきた二人の子「そんし・そいう」は、父を千金に替えて連れ帰るために、はるばると千里の波濤《はとう》を越えて来日したのであった。ところが、祖慶官人は、すでに日本でも二人の子をなして、帰国の志は薄らいでいた。そこへ、中国の二人の子が現われる。帰りたい、しかし、日本の子供は連れて帰ることは許されない。板挟みになった彼は、あわや身を投げて自殺しようとする。これを見た主人箱崎の某《なにがし》が、日本の子供を連れて唐土へ帰国することを許し、めでたい船出となった。筋から言うと、ざっとこんな内容の曲である。

すなわち本曲は、能としてかなり異色な劇的作風であるが、これも確証はないものの、近時の研究では世阿弥の作かと考えられている。

世阿弥の成年期は、ちょうど倭寇《わこう》の暗躍した時代にあたり、それがまた、南朝の残勢と結んで足利幕府を悩ましていた。

ところが、十四世紀後半、今川了俊《いまがわりょうしゅん》が九州経営に乗り出すや、これを取り締まって大い

唐船　粟谷菊生

に功があった。この際、倭寇の拉致し来たった朝鮮人・唐人の奴隷たちを盛んに本国に帰還せしめて、外交上の利を得つつあったのである。

本曲はかかる社会状況を材とする、すぐれて up-to-date な能であったとみられる。本曲創作の動機も推して知るべきであろう。したがって、作劇当時の人々の見かたと、現代のわれわれのそれとは、ずいぶん違うはずであるが、逆にこのゆえに、われわれはこれを「事実性」の桎梏《しっこく》(つまりキワモノ的な)から解き放って、純粋にシテの心事を中心として(そしてそれが作者の本意であったと思われるが)観ることができるかもしれぬ。

さて、本曲には色々な役が出るが、つまるところ、シテの独り芝居であって、唐土・日本両国の子供の間に板挟みになって懊悩《おうのう》する祖慶官人の思いというところにつきている。この葛藤の深いぶんだけ、それが解かれた悦《よろこ》びは大きく、その頂点に、船中の舞楽が構えられているわけである。大袈裟《おおげさ》な作り物も多彩な登場人物も、みなこのテーマを具象的に説明せんとする便法にすぎないのである。

# 東北《とうぼく》

『東北』は、その作風からすれば、まず世阿弥の作と推定される。

ワキ・シテの登場から、銘木「軒端梅《のきばのうめ》」をめぐる問答を経て中入までの運びは、やや冗長の嫌いがなくもないが、後場、和泉式部の回想から、クセ舞、序之舞と、だんだんに「美しいもの」へ積み重ねていく構成、さてまた、そのクセの文言など、この作者の非凡を充分に示唆している。

ただし、本曲の教義問答風のところなどは、かなり難解な仏教的言辞に満ちているのであるが、こうした部分は、ただ漠然とその雰囲気を想像しておく程度で足りる。

クセは、五七調にとらわれない、破調《はちよう》自在な、しかも雅致《がち》に富んだ言葉を綾《あや》なし、以《もっ》て、かの京の東北《うしとら》なる東北院《とうぼくいん》の、春の景色から描き出す。すなわち、庭の池水《いけみず》に花の色がうららかに映じ、貴賤《きせん》の参詣《さんけい》の絶えぬさまが、まずは提示されるのである。それが、アゲハを転機として、夏景を点綴《てんてい》するや、直《じ》きに、池辺《ちへん》の松に秋風をきかせ、水面には月影を映ぜしめる。こうして、春秋の景物を対照的に描きつくして、けざやかに四時《しいじ》の移り変りを見

東北　瀬尾菊次

せたあと、再び春夜に回帰して、

　春の夜の闇はあやなし梅の花

　　色こそ見えね香やはかくるる

という和歌（この部分を文字通り「ワカ」という）を軸として、ついに春風艶々《しゅんぷうえんえん》たる序之舞に至るのである。まさに、こういう曲こそが、「幽玄」の能の本格というものであろう。

さてところで、この曲で後シテとして造形されている和泉式部《いずみしきぶ》という人が、どういう生涯を送った人であったか、ということを知っておくことは、この曲を味わう上で非常に大切なことに違いない。

実像としての式部は、藤原道長が天下無双の権勢をほしいままにしていた宮廷で、紫式部や清少納言《せいしょうなごん》らとともに、その歌才をうたわれた女房だった。とりわけ、しかし、彼女について重要なのは、その恋愛遍歴のきらびやかさであって、じっさい、幾人もの貴族や皇族と結ばれて、一生を恋愛の煩悩のうちに過ごした人である。さぞ美形にして心の優艶なる女房だったのであろう。

そういう、いわゆる「色好み」の生涯を送った人は、かえって「人生は煩悩である」と観ずる仏教のことわりを説くのに最もよい実例となる（小野小町がそうだったように）。なにしろ、どんな美しい人でもすぐに老いる。いかに愛《いと》しい身を焦がすような恋愛であったとしても、愛は、常に無常である。移ろわぬ恋などというものは、死なぬ命というのと同様に形容それ自体がすでに矛盾をはらんでいるといってよい。

　その意味で、式部の一生を、「恋と煩悩と和歌と悟り」をテーマとして唱導して歩いた仏教的芸能の徒があったらしい。梅花と和泉式部をテーマとしながら、かくも仏教的色彩が濃厚なのは、たぶんそういう芸能団が伝えていた「和泉式部」像を反映しているのであろうと思われる。

　前場、里の女（前シテ）として現われる式部の亡霊が、

「和泉式部この梅を植ゑ置き、軒端《のきば》の梅と名づけつつ、目離《めが》れせず眺め給ひしとなり」

などとしんみり謡う時、その昔の見聞者《けんもんじゃ》の心には、恋に身を焦がしていた宮廷の式部が思い出されていたに違いない。その艶麗芳醇《えんれいほうじゅん》なる気分から、後場にはしんみりとした四季の移り変りを仏縁になぞらえて詠《うた》うクセ舞に転じ、やがて春の夜の印象深い序之舞に至る。しかもなおかつ、過ぎし昔を限りなく懐かしんで未練たっぷりに消えて行く終末まで、まことに、やるせないほどの情緒に満ちた名曲というべきである。

# 巴《ともえ》

古今最も颯爽《さっそう》たる女人は誰か、と問われたならば、迷いなく「巴御前」と答えよう。『平家物語』の女たちの中では、やはり「静御前」と「巴御前」が双璧《そうへき》であって、ともに美貌《びぼう》の中に強さをそなえ、しかも悲劇の主人公である。ただ、その強さの質がまったく違うのである。「静」は弱い存在としての女の、その芯《しん》のところの毅然《きぜん》たる強さであるに対して、「巴」は文字通り、女ながら一人当千《いちにんとうぜん》の武者《つわもの》という強さであって、「静」よりはずっと陰影に乏しい。

そこに、能の世界では「静」が多く採られるのに比して、「巴」が本曲ばかりである理由がある。

前シテは、粟津《あわづ》の義仲《よしなか》ゆかりの神社に出現する不思議な女、これはどうやら巫《みこ》的な者であるらしく、どこか無気味に現われて、消える。

ワキは、木曾より出た僧で、じつはその地縁に引かれて出現した「巴」の亡霊が、かの前シテの女であった。

巴　中所宣夫

後シテはまったく「巴」の霊そのもので、長刀《なぎなた》を採りもち、烏帽子《えぼし》大口《おおくち》の凜然《りんぜん》たる姿で、その還らぬ昔を演じてみせるのである。そうして、この「巴」は、愛する義仲と最期をともにできなかった、その女身《にょしん》ゆえの悲しみに引かれて、なおこの世に迷い出たのであるらしい。

後半の、延々と続く地謡は本曲の一つの聞きどころであるが、いっぽうで、昔の人の目には、こういう「巴」の姿は、おそらく烏帽子・水干《すいかん》でりりしく舞ってみせた、白拍子の姿と二重写しになっていたことと思われる。そういう芸能のなかの虚構と、史実としての存在とのあわいに、微妙に揺れ動く影として、「巴」は見ることができるのである。

# 錦木　にしきぎ

都人にとってみちのくは、遥《はる》かな、エキゾチックな場所として息づいていた。「狭布《けふ》(実際の発音はキョウ)」も「錦木」も、そういう、いわば都人の空想裏《くうそうり》に生きていた、床しいみちのくの象徴的存在であって、その実体は分るようでいて分らない。

「狭布」を本曲では郡里の名に宛てているが、本来はそういう場所はなく、「狭布」を「キョウフノホソヌノ」と文選《もんぜん》読みにした場合の字音に過ぎないのである。

ただ、伝統的に、会津《あいづ》のあたりにそういう場所を、なんだか夢のように想像しているのである。

都の貴人たちはそれを「信夫文字摺《しのぶもじずり》」だの「錦木」だのといった、やはりこの地方の珍しい歌枕と重ね合わせて、何か、ほうとした遠い時空の向こうに滅び去ったいにしえを望見するごとく、憧れていたのである。

錦木は、求愛のための一種のサインであって、伝説によれば、この里では男が五色《ごしき》に飾った枝を、恋する女の家の門に立てる、そうして、もし女がその男の恋を受け入れるとき

錦木　瀬尾菊次　桜間真理

は、その錦木を取り入れ、さなきときは外に放置する、というのであるが、それは「結び」の信仰と求愛の第一手続きとしての「名告《なの》り」の習俗との重ね合わされたもので、いかにも長閑《のどか》な古代の恋の形を彷彿《ほうふつ》させる。

本曲は、昔、三年まで錦木を立てて、なおその恋がかなわず、ついに焦がれ死んだ男とその恋した女の亡霊が夫婦の姿で現われる（前シテ・ツレ）。それから、旅の僧にそのゆかりの錦塚《にしきつか》を見せ、また男が千夜《ちよ》まで通いし有様、と並べて、やがて錦木が千束《ちづか》となって恋のかなう喜びを早舞に形作る。それはしかし、現身《うつしみ》の世ではかなわなかった「幻の恋の成就」なのであった。

それゆえ、悲しい夜明けとともに僧の夢はさめて、幻は再び幽冥《ゆうめい》に帰するのである。

# 鵺

ぬえ

『平家物語』には、鵺に関しては「芦屋《あしや》」という地名はまったく出てこない。だから、ここに場所を設定したのは、たぶん能作者の創案である。

総じて妖異《ようい》亡魂の類が水辺に出現する例が多いのは歴然たる事実で、じつはその裏に、現世と異界との間に多く「水」（海や川）を想像した民俗心理が横たわっている。

さて、かくして亡霊は海から現われる。ただ、同じ鵺の亡霊でも、前シテと後シテではよほど性格が違う。前シテは、いわば、迷っている鵺、恨んでいる鵺である。そこで、場面も暗く淋《さび》しく、シテの性格はただボンヤリとして無性格である。

前場、ワキが

「……さも不思議なる舟人の、夜々来《よるくきた》ると言ひつるに、見れば少しも違《たが》はねば……」

「塩焼く海士《あま》のたぐひならば、業《わざ》をばなさで暇《いとま》ありげに、夜々来るは不審なり」

などといって、「夜々来る」ということをわざとらしく問題にしているのは、以《もっ》て「夜な夜な主上を悩ました」妖怪《ようかい》の、ありし姿を暗示する意図である。

鵺　津村禮次郎

結局前シテは頼政《よりまさ》にやられっぱなしで、何のいいところもなく、ボンヤリとしたまま、闇に不気味な一声を残して消えゆくのである。

いっぽう、後シテは、姿からしても陽性の妖怪変化《へんげ》である。これは後シテが僧の読誦《どくじゅ》の力ですでに得脱《とくだつ》しているからで、さてその得脱の機縁は、すなわちかえって頼政の矢先にかかったことである。だから無念の情はもう消えているのだ。後シテの鵺が頼政の颯爽《さっそう》たる武者ぶりを、嬉々《きき》として模してみせたりするのは、じつにこのためである。

作者はこうして鵺退治を二度繰り返してみせて、その違いを見よ、と言っているのであろうか。

# 野宮　ののみや

　六条御息所は、身も心も位高い女であったが、光源氏に見捨てられようとして、その苦悩の内に、姫君を伊勢の斎宮《さいぐう》に遣わすことに決心した。斎宮は、皇統に連なる処女《おとめ》にして、伊勢神宮に仕える巫女《ふじょ》であるが、清浄《しょうじょう》の神域に入るにあたっては、まず、嵯峨《さが》野などの「野」に設けた「野宮」において斎戒別火《さいかいべっか》の物忌《ものい》みの生活を義務づけられていた。ふるく、「野」は俗塵《ぞくじん》に汚れた人里にあらず、神の坐《ま》す山にあらず、まさにその中間にあって、「神人の交感する所」の謂《い》いであった。そういう「野」にある「宮」、これが「野宮」である。

古く処女たちは、各地の「野」で、女だけの物忌みの生活にこもったのである。そういう生活の片鱗《へんりん》が、この『野宮』や『紅葉狩』などに、ふと露頭している。

　今は開けて、すっかり観光化してしまった野宮のあたりも、『源氏』のころはずいぶんと違った様子であった。『源氏物語』「賢木《さかき》」の巻に、源氏が野宮の御息所を訪ねていくところが、次のように描写されている。

野宮　野村四郎

「遥《はる》けき野辺を分け入りたまふより、いとものあはれなり。秋の花みなおとろへつゝ、浅《あさ》茅《じ》が原もかれがれなる虫の音《ね》に、松風すごく吹きあはせて、そのことゝも聞き分れぬほどに、ものゝ音《ね》ども絶え絶え聞こえたる、いと艶《えん》なり」

松風と虫のすだきと、かれがれの秋草、さも荒涼たる所柄で、その人里離れた寂寥《せきりよう》なる趣が、人目を忍んで恋路に赴く源氏には「艶なり」、つまりいっそ優艶なる気分に感じられたのである。

本曲の背後に一貫する情景は、この『源氏物語』の哀しい嵯峨野の秋であって、そこに、しかも昔人《むかしびと》の亡霊としての御息所を登場せしめるのである。しからば、その、以て表さんとする情趣が奈辺《なへん》にあるかは、自明のことであろう。

能の世界は、『源氏物語』の風趣を一歩進めて、『新古今』風の蕭条《しようじよう》美をそこはかとなく加味し、悲しい女心の諦念を、しかも、なお諦めきれぬがごとく、余韻深く表して終わるのである。

# 野守　のもり

出羽の羽黒山の山伏（ワキ）が修行の途次、大和の春日野《かすがの》にやってくる。そこで、一人の老人（前シテ）に出会うのであるが、この老人は春日野の野守だというのであった。そこで、歌に名高い「野守の鏡」ということについて、山伏と老人が縦横に問答して時が移る。その問答の間に、「野中の清水」を「野守の鏡」というのだとか、またはこの野にすむ鬼のもつ鏡をそういうのだとか、かれこれの説が述べられる。そしてまた、

箸鷹《はしたか》の野守の鏡得てしがな、
　思ひ思はずよそながら見ん

という『新古今集』の「読人不知《しらず》」の和歌をめぐる伝説を語ったりするうちに、山伏がぜひその「鬼神の鏡」を見たいと言い出すのである。すると老人は傍らの塚のうちへ姿を消し、中入となる。後場はその鬼神がさながら大きな鏡をもって出現し、強々《つよづよ》とした舞働《まいばたら》きを見せて、また地獄へ帰っていく、というだけのことである。

この『野守』のような曲を、いったいどれほどの人が理解し、その面白さを享受出来る

ものか、現代では心もとないことと思われる。

まずは、「鏡」の神聖性ということが一番の基底にある。神社の御神体に鏡が安置されていることは珍しくないから、これは誰にも直観できる。鏡の向こうにもう一つの別の世界が見える、そのこと自体たしかに神秘的であるし、そこにいにしえの人々が何か鬼神の憑依《ひょうい》を想像したのも不思議ではない。

その上に、春日野をはじめとして、各地に設置されていた「飛火《とぶひ》（のろし台）」とそれを守っている職制「野守」という古代の行政上の事実が次に存在する。

おそらく、こうした「飛火」にあっては、煙を用いたいわゆる「狼煙《のろし》」と同時に、急報としての、鏡による一種の光通信が併用されていたのであろう。ただし、こうした飛火の制度自体、桓武《かんむ》天皇の時代に廃止されているから、世阿弥の時代にはすでにまったく伝説

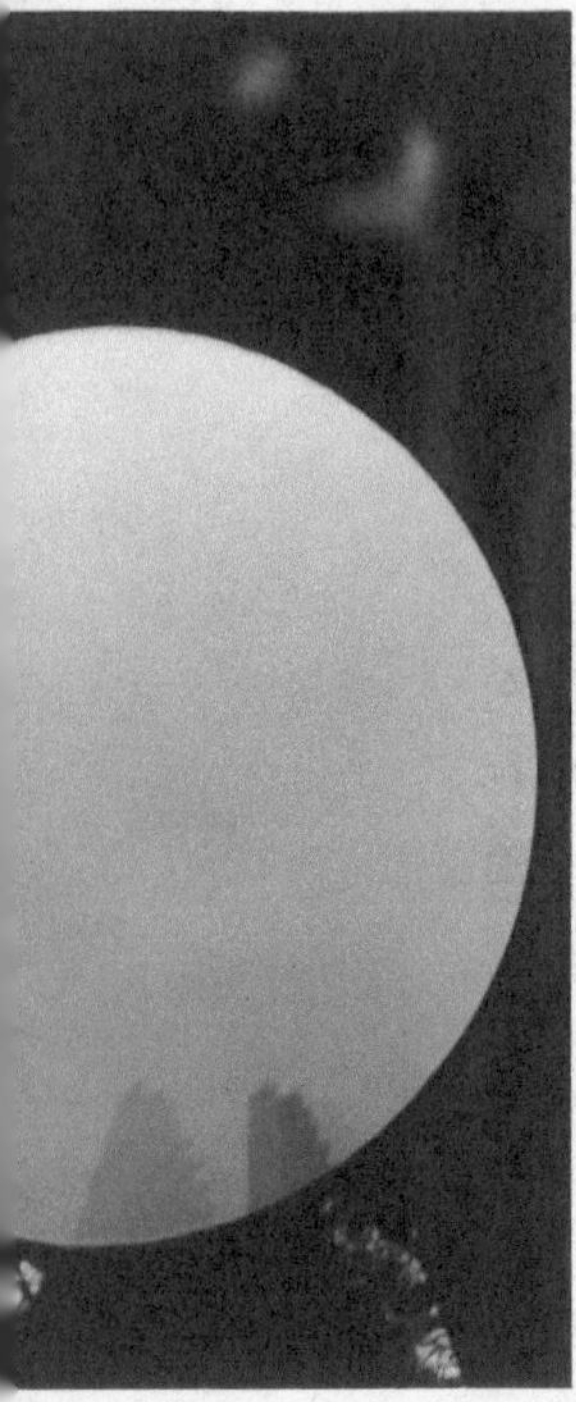

野守　津村禮次郎

的なことに過ぎなかったのである。そこで、「野守の鏡」といっても何のことか分らなくなっている。そこに中世、「野中の清水」を言うのだとか、「地獄の鬼が持つ鏡」だとかいう民間語源説的で神秘的な解釈が生まれてくる余地があったのである。

かくのごとく「野守の鏡」がその本義を失ったところでまた、それを歌枕式に用いた和歌があれこれとできてくる。上述の「箸鷹の野守の鏡……」などの和歌が、その例である。

そうして最後に、地獄で罪人の生きざまをありのままに映すという「浄玻璃《じょうはり》の鏡」という仏教的な鏡が組み合わされる。これらの「野守の鏡」に纏《まつ》わる各種の伝承や解釈を総ざらえに一つの筋に組み上げて見せるのがこの曲のテーマで、そういう予備知識なしにこの曲を見ても、理解することは難しかろう。しかし、眼目は、新春の春日野に地獄の鬼が現われて、「鬼神に横道《おうどう》を正す、明鏡の宝」としての「野守の鏡」を披露し、めでたい気分を力強く見せて去って行く、という祝言性そのものにあるのだから、細かなことは分らなくとも大事ないのかもしれない。

# 羽衣　はごろも

羽衣は世界的に広く分布する、いわゆる「白鳥処女伝説《はくちょうしょじょでんせつ》」の一変形であって、日本の古い伝承としては、例えば、駿河・近江・丹後《たんご》の『風土記』に、それぞれ違った形で伝えられている。

しかし、近江、丹後の両『風土記』の伝承は、話の形式からしてもまた固有名詞から見ても、本曲の直接の典拠とは看《み》なされない。

駿河の国の『風土記』の形は本曲に最も近いが、ただし、これは後世の補筆とみられ古い伝承ではない。

結局、本曲はこうした古い風土記などに直接拠《よ》ったとは考えにくく、むしろ、賀茂の祭などに舞われた「東遊び（駿河舞）」という舞楽の起源伝説に取材したものであるらしい。いずれにしろ、作者はよく分らない。

主人公は美しい天人で、三保《みお》の松原に天下って水浴中、漁師の白龍《はくりょう》という者に見つかって、天の羽衣を取られてしまう。ちと、キワどい設定である。

羽衣　津村禮次郎

そもそも、天人が下界に降りてくる場合には、必ず吉野山の桜とか、富士の峰とか、そういう「目印」があるのが普通で、この場合は「三保の松」がそれに当る。
美しい処女《おとめ》が衣を脱いで水浴しているとあれば、まずきわめて官能的な設定と見るのが当然で、事実この種の話は多くの場合、地上の男と天人との結婚に至るのであるが、本曲ばかりはそういうふうには作られていない。ただ、白龍は、相当に意地悪く、疑ぐり深く描かれていて、その点「いや疑ひは人間にあり、天にいつはりなきものを」とどこまでも清らかに澄みきった心ばえの天人とは好対照をなしている。

何の約束も言挙《ことあ》げもせぬけれど、正直に偽りなく自然は動いてゆく。それが天の道である。そういう大きな、誤りも偽りもなき大天地の前には、人間の小賢《こざか》しい智恵《ちえ》などが、いかに無力な、信じ難いものであるかをこの曲は教えている。

一曲としての音楽的な巧みさもさることながら、単に美しい伝説を脚色したにとどまらない、そうした懐の大きさ、形而上《けいじじょう》的な力がこの曲を古今の名曲たらしめている所以《ゆえん》であろうと信ずるのである。

小書「和合之舞《わごうのまい》」が付く時は、まず目に立つところからいえば、常は正先《しょうさき》に出される松の作り物が用いられず、一の松を以てそれに代える。すなわち、橋懸りの欄干に衣を懸けるので、橋に入っての所作が多く、一段の広がりと風趣を添える。しかし、最も大切な変更点は後半の天人の舞にある。すなわち序之舞の三段から次の謡一節を抜いて直ちに破之舞に接続し、それによって、地上から天上へと和合し連続してゆく形を見せるわけである。かくて地上の者たるわれわれが陶然とする間に、天人は、キリの謡にのって霞《かすみ》のごとく消えてゆくところも、この小書の面白さの一つである。

## 半蔀　はじとみ

紫式部ゆかりの紫野雲林院《うんりんいん》の僧が、一夏《いちげ》の安居《あんご》を終えて、花の供養をなすところに、不思議な里女が現われる。これが何者ということは明示されていないが、「夕顔の、花の主《あるじ》は如何《いか》なる人ぞ。名のらずと終《つい》には知ろし召さるべし」とか、「何某《なにがし》の院にも常はさむらふ、真《まこと》には、五条辺《あたり》と夕顔の……」というような行文から、女は『源氏物語』の「夕顔の女」の化身たるべきことが暗示されるのである。

この女の誘《いざ》ないのままに、僧が五条辺りを訪ねてみると、あたかも「藜藋《れいじょう》深く鎖《とざ》せり」、夕陽《せきよう》のざんせいあらたに、窓をうがつて去る……」という、いかにも寂々《さびさび》とした、荒涼たる有様であった。

このあたり、じつは行文の意を解しかねるところが多いのだが、要は物古《ものふ》りた、人気無い破《や》れ家《や》の有様を、漢詩文によそえて叙するのであろう。その蕭殺《しょうさつ》たる気分を感じておけば足《た》ることと思う。

半蔀　金井章

後シテは、もっとはっきりと、「夕顔の女」の亡霊らしい様子が示される。

それは、クセに、判然、「源氏」の名を露《あら》わして、『源氏物語』中より、人もよく知る詞章を縷々《るる》引用し、濃密に『源氏物語』の気分を漂わせているところからも知れる。

すると、見るものは、言わず語らずの間に、あの正体不明の（あるいは六条御息所の生霊じゃなかろうかとも疑われる）モノに取り殺されたらしい哀れな夕顔上の物語を思うて、このクセから序之舞にかけての、楚々《そそ》たる舞姿に、表現された以上のことどもを想起するはずである。

そうして、この後シテをば、すっかりかの夕顔上と印象して眺めていると、ワカにつづいて地謡の大ノリで、ゆったりと
「ほのぼの見えし花の夕顔、花の夕顔、花の夕顔……」

と繰り返し謡われるのである。

ここに至って、黄昏《たそがれ》の垣《かき》ほの、その薄明《はくめい》の内に、茫《ぼう》として浮かみ出《い》づる夕顔の花の白さが、にわかに観客の意識を遮り、その幻のような花の影にかぶせて
「終《つい》の宿りは、知らせ申しつ」

とシテが謡うところで、さては、夕顔上の姿に仮に現じたは、じつは夕顔の花の精でもあったか、と思い当るのである。やや、あれは、と不審のうちに、はや東雲《しののめ》になり果てて、

「そのまま夢とぞなりにける」

という結果を迎えるのであるから、すべてがあの夢の中の曖昧《あいまい》な世界のこととして、意識の及ばざるところへ去ってゆくのである。

作者は、内藤左衛門とも内藤藤左衛門とも伝える。『俊成忠度《しゅんぜいただのり》』なども同作（ただし、これは世阿弥作の異説あり）であるが、なかなかに詩的気分の横溢《おういつ》する、それなりの手腕を見せている。が、どういう人か、詳しくは分らぬ。

小書「立花供養《りっかくよう》」が付くときは、ワキと間狂言《あいきょうげん》に重い口伝《くでん》がある。生花を出すところに生き生きとした風情があるが、大筋は変りない。この小書、本来は、追善など然《しか》るべき折に供養の志を以《もっ》て演ぜられるべきものだったかと思われるのである。日本では、こういう形で演劇が彼岸と此岸《しがん》との仲立ちをするメディアであることもあったのである。

# 橋弁慶　はしべんけい

牛若丸はひどい奴である。

なんだか知らないけれど、五条の橋のあたりに出没して、手当り次第に辻《つじ》斬りをはたらいているというのである。そのころ、さる立願《りゅうがん》の子細《しさい》あって、五条の天神（昔、五条橋のたもとには天神の社があったのである）に丑《うし》の刻参りを続けていた弁慶のもとに、その妖《あや》しい者の出現が報告される。すわ、その悪漢を退治してくれようとばかり、「正義の味方」の弁慶が出動すると、反対に手もなくやられてしまって、弁慶はあわれこのワルの手下になってしまう、という話がこの橋弁慶である。

すなわち、悪は栄え正義は滅ぶ、という話なのである。

義経の伝記小説たる『義経記』ではもちろん正邪の立場は逆になっていて、よく知られているように弁慶が一千本の太刀を蒐集《しゅうしゅう》しようと思い立って辻斬りをし、その一千本目に運悪く義経に遭遇して敗れるということになっている。これが唱歌の「京の五条の橋の上」でおなじみの話の筋であるが、そのどちらが古いのかは一概に言えない。

橋弁慶　藤村健　深堀由佳

しかしいずれにしろ、大切なのはこれが橋の上の出来事だということである。宇治橋の橋姫、一条戻橋《いちじょうもどりばし》の幽霊と、いくらでも例がある通り、「橋」は妖怪《ようかい》の出没する空間である。そうして夜はまたあやかしの横行する時間である。また、さらには、「ここはどこの細道じゃ、天神様の細道じゃ、行きはよいよい帰りは怖い」と歌われるように、天神の参道はやはり怖い空間なのである。

そういう時とところに出てくるのが、「美少年の辻斬り」という妖怪変化じみたものであってはじめて、この話は説得力をもつであろう。

能が独自にこういう設定をもうけたものか、それともなにか典拠があるのか、よくは分らない。しかし、あえて牛若丸にはたいした演劇性を与えないで、弁慶を主人公とし、通常の人間はいかに強くとも、しょせん妖怪的超人には敵し得ないという風に描き出したところに、能という芸能のしたたかさがある。筋は、まあたいしたことはない。この曲はただ終わりの大活劇の颯爽《さっそう》たる所作と謡を楽しんでおけばそれでよいのである。

# 鉢木　はちのき

貴位《きい》の仁者《じんしゃ》が微服《びふく》して下情《かじょう》を巡察するという話柄《わへい》は、日本人のもっとも好むところで、「遠山の金さん」、「水戸黄門」等々、今なおその生命を失わない。

本曲も大きく見れば、かようの一類で、ワキは廻国《かいこく》僧に身をやつせる最明寺殿北条《さいみようじどののほうじょう》時《とき》頼《より》、シテは落魄《らくはく》の武人佐野《さの》源左衛門尉常世《げんざえもんのじようつねよ》である。

思うに、藤原定家の、寂寥《せきりよう》美に満ちた名歌

駒《こま》とめて袖うち払ふかげもなし
　佐野のわたりの雪の夕暮

が背景として本曲に投影されていることは疑いない。

さて、冒頭、「あゝ降ったる雪かな」というシテの出の一言が、森閑たる雪景、常世の悲愁と諦観《ていかん》、なお残る気迫と一抹の安らぎ、そういったものをすべて提示する。

そこに、凜々《りり》しさと情味とが顕現してはじめて、後に粟飯《あわいい》と鉢木の火（植木鉢に大切に育てていた松の木の盆栽をくだいて薪にし、それを燃やして旅人を暖めるのである）で、僧を

鉢木　梅若万紀夫

接待する段の真情が生きるのだ。そういう一言である、おろそかに聞いてはいけない。

話はやがて、鉢木を切らんとする時の逡巡《しゅんじゅん》、「いざ鎌倉」という決意の披瀝《ひれき》、と運んで行くが、これらは皆後場の結末に向けて収束していくのである。

後場は転じて荘厳な武者着到《ちゃくとう》の場で、そこへボロボロの常世を配し、ついには華々しく返り咲く結末への劇的な用意とした。かくて本曲は胸のすくような解決へと突き進んで行くのである。すなわち、例の「エ、イ頭《ず》が高い高い、ここにおわすは前《さき》の副将軍……」というあの「ご存じ」の結末と、その慰安の本質は同じいのである。

# 花筐　はながたみ

狂女物の興味は、むろん「狂い」にある。しかし、『隅田川』のようなやるせない曲と、本曲のような、いささか華やかな曲とは、おのずからその風趣を異にする。

『花筐』は、世阿弥の作にかかる恋愛劇（狂女物）で、照日《てるひ》の前《まえ》という女と男大迹皇子《おおあとべのおうじ》（継体天皇《けいていてんのう》）との間の、一見悲恋に見えて結局ハッピーエンドに終わる筋書きである。

越前《えちぜん》の国、味真野《あじまの》のいう片田舎に逼塞《ひっそく》していた男大迹皇子は、ところの女「照日の前」をご寵愛《ちょうあい》あったが、思わぬ巡り合わせで、皇位を継ぐことになり、継体天皇となって、急ぎ上洛してしまった。話はそこから始まる。

幕開き、皇子の即位上京によって捨てられる照日のもとに、皇子の形見の花筐と文が届けられる。驚きと悲しみ、それがこのところの女の心であろう。女は、「物狂《ものぐるい》」すなわち芸能者に身をやつし、皇子のあとを慕って上京の途につく。途中、有名な「蘇武《そぶ》の旅雁《りょがん》」の話などを織り込みながら、越前から大和《やまと》の玉穂《たまほ》の宮に至るまでの間、長い道行文《みちゆきぶん》となって一曲に空間的な広がりと時間的な推移を与えるのである。

花筐　内田芳子

やがて照日は懐かしい皇子の御幸《みゆき》の行列に巡り合う。夢中で行列に近づこうとするシテとツレを、行列の警護の者が遮って、狂女の身で怪しからぬとばかり形見の花筐を打ち落とす。嬉《うれ》しさと気持ちの高揚、それに続く怒り、そして恋しさ懐かしさ、彼女の心は千々《ちぢ》に乱れて揺れ動くのである。

それから女が許されて狂いの芸能を見せる段となる。ここが、名高い「反魂香《はんごんこう》」の説話をテーマとするクセの部分で、余情《よせい》豊かな詞章が、完成度の高い極めて難しい節付けに乗せて情緒纏綿《じようしよてんめん》と展開してゆくのである。

それからあとの、再会、ハッピーエンドの部分では、晴ればれとした喜びの情がこの曲に色を添える。

こうして、世阿弥は、およそ恋をする女の心に去来するすべての情念を過不足なく描き切ったのである。

ところで、田舎に流浪する貴人と現地の女の悲恋、こういう形式の話は一つの類型で、たとえば、在原行平と松風《まつかぜ》・村雨《むらさめ》、源義経と浄瑠璃御前、等々数え上げればば切りがない。

そうして、この種の、いわゆる「貴種流離譚《きしゆりゆうりたん》」式の話は、演劇芸能の世界にいつも取り上げられてきたのだが、世阿弥の偉いところは、こういう話をただ漫然と描くのでなく、その恋心のもっとも哀切な部分、すなわち捨てられた女の気持ちに集中して光を当て、皇子のほうはまったく等閑に付したところである。皇子が子方にあててあるのは、この場合、その演劇的役割を等閑視するという約束にほかならぬ。

そうしておいて、「女物狂い」の枠組みのなかに、観阿弥《かんあみ》作と伝える「クセ舞」をさしはさんで、哀れな中にも華やかな風情を添えるのである。この唐土から伝来せる「反魂香」の説話を脚色したクセ舞は、きわめて複雑な音楽的構成をもつかなり長い二段グセで、古来「三難グセ」の一つに数えられるくらいなのだが、それは、ただいたずらに難しいのではない。このところが、どうみても本曲の一番の見どころで、その詩的な深みがそうさせているのである。

一曲がまさにハッピーエンドに終わる直前に、こういうクセを配置してみせた世阿弥の手腕は、やはり天才のそれなることが痛感される。

# 班女　はんじょ

『班女』は古来、「恋の物狂」の随一と謳《うた》われた名曲である。『松風』の海女《あま》、本曲における遊女花子《はなご》、いずれも卑賤《ひせん》の女と高貴の男、そこにやがて捨てられる女の「哀れ」が描かれる。現代の歌謡などの詠ずるところもまた、多くこれに類する（酒場の女の悲恋をうたう演歌のごとき、これである）。すなわち、かかる設定が、日本人の嫋々《じょうじょう》たる心情にもっともよく響くのであろう。班女という名は、漢の成帝《せいてい》の寵姫班氏《ちょうきはんし》にちなんでいる。班氏は婕妤《しょうよ》という位に上った美《び》妾《しょう》で、後に帝に捨てられて「怨歌行《えんかこう》」という詩を詠じた、いわゆる才色兼備の名媛《めいえん》であった。

本曲は、ところが、中国の班女その人を主人公とするのではない。野上《のがみ》の宿《しゅく》の遊女花子をシテとする恋の曲である。その日本の班女は、さほどの才女というのでもない。ただ、貴人に捨てられた女の悲しい身の上をシンボライズする扇を仲立ちとして、班女と花子はそのイメージを巧みに重ねて描かれていく。本曲が、曲柄としては、秋七月に配

班女　友枝喜久夫

されるのも、この「扇」に由来する。

秋の扇はもう用済みであるから、直ちに、秋冷・寂寥《せきりょう》・静謐《せいひつ》といった秋の情調と結ばれて、やがて来る悲しい未来を予想させつつ、恋の物狂へと曲を導いていくのである。

この曲はたぶん世阿弥の作である。こうした秋の寂び寂びとした恋の情緒を描かせると、『砧《きぬた》』などと同様、世阿弥の手腕は冴《さ》えに冴える。

前場は、複式の能としては異例に短いけれど、それでも、悲嘆のうちに逐《お》われて行く班女を描いて、なかなかに哀切である。

後場冒頭、少将が班女を訪れるが、もはや女は行方が知れぬ。例のすれ違いの趣向である。班女の恋はこのまま朽ちるかとみえて、話は、恋慕ゆえの狂乱へと、悲愁裏に運んでゆく。

が、その狂女の芸能を見る群衆のうちに、かの恋しい少将がいたのである。かくてこの悲恋は一転、成就に赴くのである。

結局、その形見の扇が縁となって、吉田の少将と花子は再会し、めでたしという結末を迎える。

『源氏物語』の夕顔までもち出したハッピーエンドのキリは、扇をめでたい霊力のあるものと見る日本の民俗と関係があるのであろうが、本曲の一番の面白さがそういうところにあるのでないことは、言うをまたない。

# 藤《ふじ》

『藤』は日吉佐阿弥《ひえのさあみ》作と伝えるが信じがたい。按《あん》ずるに、江戸時代の作であろう。例えば世阿弥の『東北《とうぼく》』などと比べると、本曲の詞章は、いわば形をなぞったごとくにして、すでに美へ斬り込んでゆく力を失っている。

概して、草木の精というシテは造形が難しいが、中でも本曲のシテはやや摑《つか》みどころがない。これといった古典的説話の裏付けがないのもその一因であろう。

ともあれ、本曲は、藤をめぐる古歌のいくつかを軸にして展開する。初めにワキが口ずさむ、

おのが浪に同じ末葉ぞしをれぬる
　藤さく多祜《たご》の恨めしの身や

美しく咲いた藤が、その影を浪に落としている。けれどもその藤の末の葉は、浪にぬれてしおれている。ああ、その末葉のように、藤原氏の末裔《まつえい》のおのれは、独り多祜の浦に恨めしくおちぶれているのだ。

この歌は藤原氏《ふじなみ》の出自でありながら、おのれ独り零落していることを嘆いた慈円《じえん》の作で、やや難解な、技巧の勝った歌である。歌は『新古今集』に出る。

しかるに、それを聞きつけた藤の精が、そんな景気の悪い歌を思い出すとは、不本意だ、といって出現するというのが、まず本曲の趣向となっている。そうして、おなじく思い出すなら、

多祜《たご》の浦や汀《みぎわ》の藤の咲きしより
　波の花さへ色に出でつつ

多祜の浦の、汀の藤が美しく咲いた。するとそれが映じて波の花さえ、色美しく見えまさるよ

多祜《たご》の浦底さへ匂ふ藤波を
　翳《かざ》して行かん見ぬ人の為

多祜浦の、その海の底まで照り映えている美しい藤波よ、いざ、頭にかざして行こうよ、これを見られない人々のために

というくらいの、もっと人聞きのよい歌を思い出してほしいものだ、とそういう異議を申し立てるわけである。この歌、前者は『続後拾遺集《しょくごしゅういしゅう》』の藤原房実の歌、後者は『万葉集』の内倉忌寸《くらのいみき》縄麻呂《なわまろ》の歌である。しかし、この三つの歌の間には、とくに関連は認められない。そういうところもまた、この曲の弱さのひとつであろう。

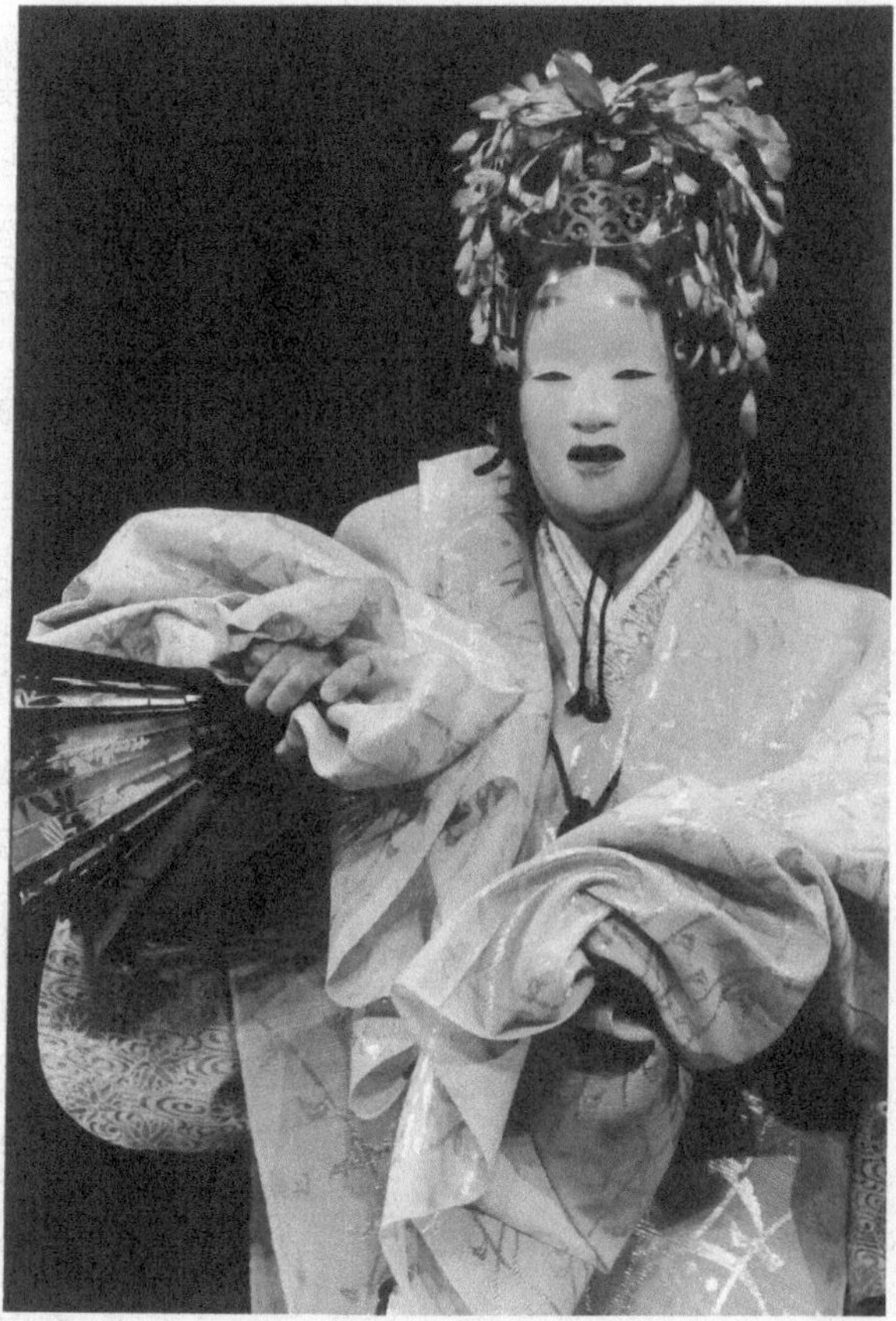

藤　梅若万紀夫

「藤波」と「松に懸かる藤」という趣向は、和歌に藤を詠《うた》うときいつも用いられる類型であって本曲の風情もそこに負うている。ただ、藤懸松《ふじかけまつ》は、本来、男と、それにまつわりつく女との象徴的意味をもち、艶《つや》めいた連想がなくてはならないのであるが、本曲では作り物と詞章とに彩りとして配されたばかりで、今一歩踏み込んだ象徴性を欠いているのが惜しまれる。

その代わり、後場に仏教的味付けをしてあるのであるが、それとても『東北』のそれのごとくに腸《はらわた》に響く底《てい》の深みのないことは否みがたい。

それゆえ、つまるところ「見風《けんぷう》の感」は、一《いっ》にかかって舞の風情次第だといってもよいのである。

# 富士太鼓

ふじだいこ

事の起りは、内裏にて七日の管絃《かんげん》が催されるというので、天王寺の浅間《あさま》という伶人《れいじん》が召されたことであった。いっぽう、住吉の明神に仕える伶人で富士という名手があったが、この者も内裏の管絃の役を望んで上京して来た。おさまらないのは浅間のほうで、とうとう富士を殺害に及んだというのである。

実際、こういう楽人同士の勢力争いというものは自身の生活ばかりでなく、一族一流の浮沈をすら左右するものであっただけに、想像を絶して熾烈《しれつ》なものがあったかと思われる。

しかしながら、本曲の主題はその争いを描写するというような劇的な方向に向けられてはいない。

むしろ、そのことは「仕方のなかったこと」として諦《あきら》めるところから本曲は出発する。

遺された妻と娘が、夢の告げによって上京してみると、夫は非業の死を遂げていた。妻は、あの時、どうでも夫の上京を止めていればよかった、と心から悔やむのであったが、もはや亡き人は帰らない。

富士太鼓　藤村健

かくて突然、「あら恨めしや、いかに姫……あれに夫《つま》の敵《かたき》の候《そうろう》ぞや」と妻は狂乱する。無念である、けれども女の身として、敵を討つには無力である。せめて子が男であったなら、やがて敵を討ってくれるかもしれぬ、けれども、やんぬるかな子は女の子であった。こうして、晴らせぬ恨み、尽きぬ思いを妻は、形見の太鼓を打ち果たすことで、幾らかでも散じようとするのであった。

夫の形見の舞衣装を身に着けた妻が、悲しく（しかし幾分かは嬉《うれ》しく）太鼓を打ち、舞を舞う、それで思いは晴れたのだろうか。

そんなことはあるまい。晴らそうとすればするほど、涙は袖に余った。だから、幕切れに、橋懸りから形見の太鼓をじっと見遣《や》るその型には、彼女の尽きせぬ名残惜しさが横溢《おういつ》するではないか。印象深く、美しい幕切れである。

# 藤戸　ふじと

今は陸地となってしまったが、岡山の児島《こじま》に、昔、浅い砂州《さす》で引き潮には歩いて渡すことのできる場所があった。藤戸の渡しである。

源平闘諍《とうじょう》の世に、この浅瀬を渡って先陣の誉《ほまれ》を挙げたのが、本曲のワキ佐々木盛綱《もりつな》であるが、その藤戸の先駆けのことは、『平家物語』のなかでも、ごく小さなエピソードに過ぎない。ところが、能『藤戸』となると、その中でもさらに端役の、名も知れぬ浦人（漁師）を主人公にしている。しかもその浦人は後シテ（亡霊）として後場にちょっと登場するだけであって、むしろ、劇の中心は、その浦人の母（前シテ）にあると言ってよい。

この母となると、これはもう『平家』には影も形もなく、まったく作者世阿弥の創造になる人物と考えられる。こういうふうな、原拠からの「離れ方」のなかに、能作者の非凡な手腕が見て取れる。原拠の『平家物語』は、

「さても去年三月《さんがち》廿五日《にじゅうご》の夜に入りて、浦の男を一人近づけ……」

と始まるワキの語りのところと、後段浦人の亡霊とワキ盛綱の問答

ワキ「昔より今に至るまで、馬にて海を渡す事」

シテ「稀代《きたい》の例なればとて」

ワキ「この島を御恩に賜はる程の」

シテ「御喜びも我故なれば」

……

という辺りに僅《わず》かに面影を留《とど》めているが、その余の大部分は概《おおむ》ね作者の作意に出るものと思われる。

何ゆえに原典にはまったくない母親をここに主要人物として造形したかということは、面白い問題である。

前シテが母親の現在人物、後シテがその子供の亡霊という形式は珍しい構成であるが、『隅田川』などを思い合わせてみると、その企図がはっきりしよう。すなわち、老母が悲《ひ》歎《たん》のあまり、佐々木に詰め寄って、

「亡き子と同じ道になして賜《た》ばせ給へと、人目も知らず伏し転《まろ》び、我が子返させ給へやと、現《うつ》なき有様……」

となるところ……じつはここが本曲の前場におけるクライマックスである……などは、現在能の狂女物的な趣を含んでいると見られる。

しかるに、全体としてみれば、この曲は複式の夢幻能であって、後場は夢とも現とも見

え分かぬ執念物の有様にほかならない。

しかも観客は、『平家物語』(より正確には、むしろ「平曲」というべきか)の藤戸合戦の事実を必ず知っているわけであるから、これらの幾つかの性格が複雑に絡み合って、観る者の心の中に、一種奥深い感じを抱かせるのである。

ところで、藤戸の先陣は、『平家物語』では九月二十五日、『東鑑《あずまかがみ》』では十二月七日の出来事として伝えられているが、能『藤戸』では「三月廿五日の夜」の事としてある。これもどうやら世阿弥の作為であるらしい。

なぜこんなところに意を用いたか考えてみよう。

幕開き、舞台は春霞朧々《しゅんかろうろう》たる海辺《かいへん》の景《けい》である。季は末の春とて長閑《のどか》な朝、何の苦悶《くもん》も暗影も無きかに見える。そこへ突如泣きくれる老女を登場させるのである。その明暗のコントラストを観よ。

かくて観る者は、なにか不思議の感に打たれつつ、固唾《かたず》をのむのである。しかも、その老女が、英雄盛綱に、我が子を殺された恨み言をいうのであるから、展開はまことに劇的である。

折しも、殺された息子のちょうど一年の忌日《きにち》が巡ってきたのだと設定するならば、そこに「巡りくる因縁」という、もう一つの劇的要素が加味されて、観る者にその亡霊出現への必然的期待を抱かせるであろう。ここに、三月廿五日という日付を設けた、作者の用意を窺《うかが》うことができる。

やがて中入後、舞台は払暁に転ずる（流儀によっては夜分）。いまだあたりは暗い。誦経《ずきょう》の声が低徊する。そこへ彷彿《ほうふつ》として亡者が出現するのである。冒頭の明光とここの暗影と、いかにも際立った対照を見るべきである。後シテの所作は、まことに凄惨《せいさん》で、華やかに見え

藤戸　桜間辰之

る源平の戦さ語りのその裏面を、低いアングルから描き取って見せるあたり、能が単なる古典の焼き直しに終わっていないという消息をよく感得することができるであろう。こうして劇は、最後の高揚に達し、やがて成仏得脱という慰安を与えられ、静かに終焉《しゅうえん》するのである。『藤戸』は、概ねこうした高度の劇的展開を本質的にもった能であるが、その代わり、詞章そのものは比較的地味であって、『羽衣』など風流物《ふりゅうもの》のごとき位の高さもなく、『融《とおる》』などのような詩的詞章にも乏しいのであるから、むしろ、その演劇性の鑑賞を主とすべく作劇されたものと見るべきであろう。

小書「蹉跎《さた》之伝」は、その劇的展開を一層増幅せしめるものである。もともと「蹉跎《さた》」という言葉は、伏し転《まろ》び躓《つまず》きて、歩を進めざる趣を意味する語であって、具体的には、前シテの老女が、ワキに詰め寄るところの型の特殊演出を指すのであろう。すなわち、通常は「亡き子と同じ道になして（どうか子供と同じに殺してください）」と言って、半狂乱でワキに取り縋《すが》ろうとする型があって、ワキに振り払われて「我が子を返させ給へ」と号泣するのだが、この小書が付くと、これがワキ座まで進まずして悲歎するのである。すなわち悲痛のあまり、一歩を進まぬ貌《かたち》を見せるのであるから、悲歎はより内向し、屈折して絶望的な様相を呈することになる。これに呼応して、後シテのところにも、「折節《おりふし》引く汐《しお》に」のあとに、イロエの舞（立廻《たちまわ》り）が挿せられて、よるべない波間の骸《むくろ》の悲しみを表象し、現《うつつ》なき執念のさまを点出するのである。

# 船弁慶　ふなべんけい

平家追討の立役者義経も、今は大物浦《だいもつがうら》から落ち行こうとしている。前場は、静御前と義経の別離の愁歎《しゅうたん》を描いているが、義経は子方であるから、その趣旨はまったく静において具現せられている。

そこで、前シテは静である。さて、後シテは、荒波のうちに浮かみ出た平知盛《とももり》の亡霊である。すなわち、前後両シテは、一見全然無関係のごとくである。ふつう、前シテと後シテの間には、同一人物であるとか、親子であるとか、巫女《ふじょ》と神であるとか、何らかの一貫性が設けられるのであるが、この曲に限っては、そうではないのである。

が、そこをよく案じ分けてみるに、義経に対しては、どちらもマイナスのベクトルをもっているところが、ある種の内的連関をなしているかもしれない。いわば、静は義経の逡《ため》巡《らい》と未練の対象化であり、その逡巡や未練に乗じて出現するのが、後シテの亡霊であるにほかならない。

ところで、後シテは、なぜ「知盛」なのだろう。ここにもよく考えておくべき事柄がある。

船弁慶　粟谷新太郎

じつは、西海《さいかい》に沈んだ平家一族の亡魂《ぼうこん》が数多《あまた》浮かび出るので、知盛はその代表として名《な》告《の》ると見るのが本当である。

清盛や重盛は夙《つと》に病死していて、この西海に沈んだのではない。

船弁慶　後藤得三

また、都落ちの責任者宗盛《むねもり》は小人物で、壇《だん》ノ浦《うら》では死に損ない、後に刎首《ふんしゅ》されている。したがって彼らはいずれも、ここに出現するいわれはないのである。

すると、西海に沈んだ公達《きんだち》の中では、かの知盛こそ明察と勇気を兼ね備えた第一級の人物だったのである。『平家物語』の描くところはこうである。

彼は、かの壇ノ浦の船戦《ふないくさ》で散々に奮戦の後、いよいよ平家の末期《まつご》をさとるや、一人小舟に乗って安徳天皇の御船に参じ、掃いたり拭《ぬぐ》ったり、手ずから悠々と船中の掃除をしつくしたあと、船の女房たちに、

「めづらしきあづま男《おとこ》をこそ御らんぜられ候《そうら》はんずらめ(もうすぐ珍しい東男をご覧になれますよ)」

といってカラカラと笑った、というのだからまことに心の柄の大きな人だったとみえる。

そうして、知盛自身は、

「見るべき程のことは見つ。いまは自害せん」と言って、臆《おく》するところもなく、従容《しょうよう》と入水《じゅすい》したのであるから、本来は彼が祟《たた》るべき理由はどこにもないのである。

すると、知盛の出現してかくと名告る所以《ゆえん》は、もっぱら平家の悲劇を代表する人物としてであって、私怨《しえん》で化けて出る凡百の幽霊とはまるで違っている。そういう霊魂としての位の高さ、亡霊の潔《いさぎよ》さのような心事を内に含んで演じないと、それこそ知盛が化けて出るかもしれぬ。

# 放下僧《ほうかぞう》

『放下僧』は、牧野《まきの》小次郎《こじろう》という者と、その兄の禅僧が、父の敵利根信俊《とねのぶとし》を討ち果たす、いわゆる「敵討物」のひとつで、その話の仕立ては『望月』に似、主人公の境遇は「曾我兄弟」を思わせる。すなわち、設定や趣向には別段な新味はない。するると、本曲の特色は、なにはともあれ「放下」という存在それ自体にあるのでなければならぬ。

では放下とは何か。

本来は、一切を放下するの義で、行雲流水《こううんりゅうすい》、無所著《むしょじゃく》の修行僧を言ったらしい。しかるに、中世、そういうものが堕落して、「放下」または「放下僧」という大道芸人のごとき者が現われた。

『職人尽 歌合《しょくにんづくしうたあわせ》』などを見ると、烏帽子《えぼし》を冠《かぶ》って腰に蓑《みの》を帯び、背に笹短冊を負うて手にはコキリコ（二つの竹を打ち合わせてリズムを取る、カスタネットのような打楽器）を玩《もてあそ》んでいる。中には団扇《うちわ》や六尺棒のごときをもつものもあったらしい。

放下僧　梅若猶彦

要するにこうした「採《と》り物」を用いて、ある種の曲芸をしたのだ。今日の寄席芸にもある皿回しの類である。

それが、面白い小歌を唄《うた》っては、コキリコを打ち、諸方《しょほう》を巡遊したらしい。そういう芸人の盛行が背景にあって、その流行歌や舞いぶりを能に取り込んだところにこうした曲の（当時の人にとっての）もっとも面白いところがあったのであろう。不易・流行というタームズで言うならば、むろんそれは「流行」の部分にほかならない。

そうして、この芸能者というものは、一般にどこにでも推参《すいさん》する事を黙認されていたので、敵討という趣向には都合がよかったのである。

敵討は、古今を問わず我が国人《くにびと》の遍《あまね》く愛好するところで、曾我兄弟のごとく颯爽《さっそう》と、しかも時代の嗜好《しこう》であった禅味をふんだんに盛り込んで話は進んでいく。文言《もんごん》は少々難しいが、クセの行文などは、なかなか「あはれ」である。

そしてクライマックスに、皆人《みなひと》の知る放下の小歌を、はらはらとする中にも、ふうわりと聞かせるところが、この曲のなによりの見せ場となっているのである。

おしなべて敵討物は、その筋立てや結末は、あらかじめ約束されている。それが、快哉《かいさい》を叫びたいような愉快を催させることは当然として、能は、それだけでない、もっと詩的な、もしくは音楽的な要素を充分に含んで、観る者を納得させる。つまりは、そこに能の一段と面白いところがあるのだということを、こういう曲はよく物語っている。

# 巻絹　まきぎぬ

熊野《くまの》が、昔の日本人にとってどのような場所だったか、ということがこの曲の大切なポイントである。

げに、熊野は神々の往来する霊場であった。奥深い山々と森閑たる原生林、行き通いにも不自由するような山道の奥に諸殿が散在するというその地勢風土。熊野は高野山などが開かれるずっと以前から、天皇が、その霊力を身に帯びる目的で、しきりと行幸《みゆき》される特別な場所だったのである。冒頭の名告《なの》りに、ワキが、今上帝《きんじょう》の命令として熊野に巻絹一千疋《びき》（二千反）を献上するということを言うのもそのためである。

ところが、その肝腎《かんじん》の巻絹をもった男（ツレ）が音無《おとなし》の天神に立ちよって和歌を奉納したりしているうちに遅参してしまった。このところに、ツレのセリフとして「この梅を見て、何となく、思ひ連ねて候《そうろう》」というのは、「この梅の花を見て、ふと思うところを歌に詠み連ねた」という意味であるが、そこではその歌は明かされない。あとで、神との連吟の形で種明しして、その神威を印象付けるための演出である。

巻絹　津村禮次郎

かくてこの遅参の罪によって、男は縛《ばく》につくところを、天神（これも恐ろしい神である）の憑依《ひょうい》した巫女《ふじょ》（シテ）が現われてこれを助けるのである。話はただそれだけで、たいした筋はない。しかるに、本曲の見どころは、その巫女が神懸りの状態で神楽《かぐら》を舞ううちに、熊野の多くの神仏がこもごも降臨して、われもわれもとこの巫女に乗り移る結果、狂乱状態の超常的な舞に至り、それが最後の最後にふっとわれに返るという一連の所作にある。こういう神々の出現は、昔の人々にとって、恐ろしくもあり、またしめでたくもあったのである。

その恐れと祝福に満ちた神懸りの様を、しかも謂《い》われ深い熊野を舞台として見せる、それが面白くなかったはずはない。「神楽留《かぐらどめ》」の小書の時は、その大詰めの神楽から先、神舞と立廻《たちまわ》りを略して、それだけ速やかに狂乱へ進んで行くわけである。装束も常とは替る。

# 松風　まつかぜ

『隅田川』が、演劇的な意味における傑作であるとすると、『松風』はこれとはまったく別の意味で、能劇中の名作に挙ぐべきものである。

すなわち、その詞章の詩的風趣においてこういうのである。一曲の主題は、在原行平《ありわらのゆきひら》と須磨の海女《あま》、松風《まつかぜ》・村雨《むらさめ》姉妹との恋物語であって、この哀切なるロマンスを、どこまで美しく、清澄《せいちょう》に描けるかというところにもっぱら意を用いたもののようである。ただし、この話の出どころについては、いまだ必ずしも明らかでなく、もともと『汐汲み』と呼ばれた田楽の古曲であったものを、観阿弥が改作して『松風村雨』という曲に造形し、ついで、世阿弥が再度改作して、現在見るような形に作り上げたものと考えられている。つまりは、そのようにして次第に複雑洗練の度を加えていった結果が現行の形なのであろう。

じっさい、一つの詩文として眺めるときに、本曲はどこもかしこも、ところとして佳《か》ならざる隈《くま》もなく、ことに前段の、秋風颯々《しゅうふうさっさつ》として、月影玲瓏《つきかげれいろう》と海上《かいしょう》に映じ、かなたに雁《かり》が

松風　観世栄夫

音《ね》、漁《いさ》り舟《ぶね》、こなたには清らな汐汲みの乙女二人を配したる有様には、心ある者は長く太息《たい》せざるを得ぬことであろう。「面白や馴《な》れても須磨の夕まぐれ、海士《あま》の呼声《よぶこえ》かすかにて、沖に小さき漁舟《いさりぶね》の、影幽《かす》かなる月の顔、雁《かり》の姿や友千鳥、野分潮風《のわきしおかぜ》いづれもげに、かゝる所の秋なりけり……」というような文言の一つ一つの詞の美を、よろしく玩味《がんみ》すべきである。

さて、宿借《やどか》るワキ僧との問答によって、二人の汐汲み女がじつは松風村雨姉妹の幽霊であったことが明かされ、松風は、行平に対する、その切々たる恋慕の情を露《あら》わすのである。物著《ものぎ》は、松風が恋慕に狂乱して、人格変換を来たしたことを意味するので、『井筒』などもこれと同じことである。もと松風村雨の墓印《はかじるし》として据えられた松が、ここに至って行平の立姿と見えるあたり「憑《よ》り代《しろ》」としての松樹の性格が窺《うかが》われて興味深い（鏡の松や橋懸りの松も本来この意味で考えてよい）。

キリ、いよいよ現《うつつ》なく狂い舞うさまが、極点に達すると、フッと憑きものが落ちたようにノリがはずれ、やがて「……夢も跡なく夜も明けて、村雨と聞きしも今朝見れば、松風ばかりや残るらん」と現実に戻り、すべて美しい幻であったと終わるのである。夢幻能の面目躍如たるところである。

# 三井寺　みいでら

等伯《とうはく》の水墨画、雪舟《せっしゅう》の山水などを見るような澄みわたった秋景、本曲の「文芸」としての美しさ面白さが、この叙景の巧みさにあることを忘れてはなるまい。

今この曲を織物に喩《たと》えるとすれば、いわばそれが横糸である。そうして、いっぽうこれに配するに、母親と拐《かどわ》かされた息子の再会という母物《ははもの》的結構をもってし、それが縦糸として物語全体を貫いている。

さらに、『隅田川』を彷彿《ほうふつ》とさせるような狂女物の風情、それはこの織物の上に摺《す》り出された模様にも喩えられようか。そういう各要素が渾然《こんぜん》一体となってこの秋の月の物狂いの代表曲を形成しているのである。

作者は分らないが、相当の力量ある者であることは確かである。

一応複式能の形式にはなっているものの、前場はごく短くて、ほとんどシテを巡る状況説明というほどのことに過ぎない。したがって、この曲はまったく後場だけで成り立っているといっても過言でない。

さて、後シテの出、サシ謡は街道上りの風情、次いで「翔《かけり》」をはさんで、地謡は四季の彩りを描くが、このあたりが、いわば「狂っている」状態の部分である。さらに、「月」に焦点を当てながらの「近江八景」の展開へと続くあたり、息もつかせぬ筆の冴《さ》えを読む

三井寺　喜多六平太

べきである。

この詞章の巧みさと競うように付けられた型がまた、いかにも印象的で、見る人に何ごとかを感じさせずにはおかない。

このあと、シテが鐘をつこうとして問答となり、ドラマ的な要素がにわかに強調されてくる。そうしておいて「鐘の段」の所作《しょさ》どころがくるのだから、見る人は退屈している暇がない。

クセはちょっと本筋とは離れるが、山寺の花散る入相《いりあい》の鐘、後朝《きぬぎぬ》の怨《うら》みを添える枕の鐘、待つ宵に更け行く鐘、江天《こうてん》の漁火《ぎょか》もほのかに半夜《はんや》の鐘、ときて、最後に「波風も静かにて、秋の夜すがら月澄む三井寺の鐘ぞさやけき」と受けとめる「鐘づくし」の名文であって、それにまた、うっとりするような節が付けられているのを楽しむべきであろう。

こうして、充分に気分を四方の景色と鐘の音に集中しておいて、ドラマは再会のクライマックスを用意する。

この曲は『隅田川』とは違って、親子再会のハッピーエンドになるわけで、そうしてみると全体として三井寺の御利益話とも見ることができる。

それはそれでよいのだが、ただ一つこの曲にはキズがある。言うまでもない、キリの一節である。「孝行の威徳ぞめでたかりける」などと締めくくったのは、いかにも後代的でしまらない。もし世阿弥だったら、そんなつまらない事を言わずと「故郷《ふるさと》へこそ帰りけれ」くらいでピシリと終わったことであろう。

# 通盛　みちもり

本曲は、もとは井阿弥《いあみ》作にかかる長大な古曲であったが、それを世阿弥が大幅に切り詰めて改作したものらしい。

現在、前シテは漁師の翁《おきな》、前ツレは若い海士《あま》の女で、このうち、シテは中入するけれどツレはそのまま後見座にくつろぐだけである。けれども、前ツレは小宰相《こざいしょう》の亡霊が仮に海士の女となって出現したものであるに対して、後は小宰相の姿そのものの亡霊であるからには、前後同じ姿であるのは本来おかしいのである。いわば現在の演出は不完全な複式能の形で、もとより辻褄《つじつま》があっていないけれど、この演式のいわれについてははっきりしていない。前シテとツレは一隻の小舟に乗って登場するのであるが、その二人声を合わせて吟ずる上歌に「……龍女変成《りゅうにょへんじょう》と聞く時は、姥《うば》も頼もしや、祖父《おおじ》は言ふに及ばず……」などという文句のあるところから推量して、もと前ツレは老嫗《おばあさん》の姿で出たものかと思われる。

思うに、世阿弥は『申楽談義』の中で、「直ぐなる曲」の例に本曲を挙げて称揚するから、元来もっと素直で型通りの複式能だったはずである。

通盛　浅見真州　長山礼三郎

通盛は『平家物語』の中では、武将としてはそれほど活躍せず、この小宰相の局《つぼね》との気高い恋物語でのみ名高い。その小宰相はまた、潔い身投げの有様がいかにもあわれで、本曲なども、そこに劇としての主眼を置いたかと見られる。『平家物語』の伝える二人の恋物語は、ざっと間狂言において復習されるけれど、要するに、通盛の求愛を斥《しりぞ》け続けていた宮中一の美人小宰相の局は、ふとその通盛からの恋文を上西門院《しょうさいもんいん》の御前で落っことしてしまい、それをご覧じた女院が通盛を憐《あわ》れんで返歌を命じ、ようやくにその恋がかなった、というのである。そのとき、通盛の恋文に書かれていた歌は、こうである。

わが恋はほそ谷河のまろ木ばし
　ふみかへされてぬるる袖かな

私の恋はいわば細谷河の丸木橋のようなものです。いつも踏み返されて（＝文返されて）濡れる袖ですもの（＝涙で袖が濡《ぬ》れることですから）

通盛　浅見真州

これに対して、女院が小宰相になり代って詠み、かつ書かれた歌がまた見事であった。

ただたのめほそ谷河のまろ木橋

ふみかへしてはおちざらめやは

ひたすら頼りになさってよろしいのです。細谷河の丸木橋とあれば、いつか踏み返して、落ちないものでもないのですもの（文を返されたということは、やがてあなたの手に落ちるということかもしれませんもの）

こうして通盛と小宰相はその恋を成就したというのである。

おそらく古く改作以前は、この名高い二人の恋の馴《な》れ初めから成就までが折り込まれて、やや三番目物風の結構が強かったものかと想像されるが、たしかなことは分らない。

さて、ワキは阿波の鳴門に夏安居《げあんご》中の僧たちである。

海岸の巌《いわお》の上でワキ僧たちが法華経を読誦《どくじゅ》していると、その声に引かれるように一隻の小舟が漕《こ》ぎ寄せてくる。『法華経』は女人成仏《にょにんじょうぶつ》を説くので、こういう曲にはもっともふさわしい。その『法華経』を、船に付けた蘆火《あしび》の光で明らかに照らして読み上げる。印象的な場面である。

すると女はその本体を現わして、小宰相身投げの有様を再現してみせ、老人ももろともに海底に沈んで中入となる。後場は例の通りの修羅から成仏に至る作りであるが、ただ、ここにも小宰相との別れをさしはさんで、纏綿《てんめん》たる情緒を漂わせる優しさのあるところが、ほかの修羅物と一線を画するところであろう。

# 三輪《みわ》

世にいわゆる「三輪山伝説」というものには、種々のヴァリエーションがあって、古代から最も人口に膾炙《かいしゃ》している話の一つといってよい。

この話が、なぜそのように人々の心を捉《とら》えて来たかといえば、言うまでもなくそれは

我が庵《いお》は三輪の山もと
　恋ひしくは訪《とぶ》らひ来ませ杉立てる門

という、いかにも丈高い、それでいてしんみりとした、めでたい詠《うた》いぶりの古歌（『古今集』巻十八に、題知らず、読み人知らずの歌として見える）と――本当はこの歌と三輪山伝説とは関係がないのだろうけれど――、長く契った恋人の本性《ほんしょう》が蛇だということを知った妻が、男の裳裾《もすそ》に糸を縫いつけて、その跡を訪ねて行ってみれば、じつはその人は三輪の神であった、という展開の悲劇的神婚伝承（この型の話は古くは『古事記』中巻に見えるが、直接には『俊頼髄脳《しゅんらいずいのう》』などによったのであろう）とを結びつけた面白さにあったのだろう。

現在でも大和の三輪山は、太古の姿そのままの、鬱蒼《うっそう》たる原生林におおわれ、三輪山神

三輪　観世元昭

社の神域は昼なお暗い杉の木立の中に静まっている。そしてその神域の中には、本曲に出て来る玄賓僧都《げんぴんそうず》の庵跡《いおりあと》というのも、今なお歴々として残っているのである。

すなわち、昔の人にとっては、すぐにでも現実的に思い起こすことのできる神韻縹緲《しんいんひょうびょう》たる空間の中に、実際の玄賓を狂言回しとして登場させ、そこに、毎日花水《はなみず》を手向《たむ》けに来る不思議の女というシテを配して、そういう枠組みの中で、昔ゆかしい三輪山伝説を語らせ、その不可思議な恋物語をありありと再現しよう、というのが本曲のねらいであるに相違ない。

ただ、原話とは違って、男が蛇であるかどうかということは、わずかに「げにも姿は羽《は》束師《づかし》の、洩《も》りて外《よそ》にや知られなん」というクセ謡の文言に痕跡をとどめている程度で、原則的には等閑に付してある。しかも、本来男神であるはずの、後シテ三輪明神は女体の作りで出、事実「女姿と三輪の神」などという文句があったりするのであるが、ただ、烏帽《えぼ》子《し》を被《かぶ》っているところはたしかに男の面影なのである。つまりは、目に見える形は妻である女なのだが、それに憑依《ひょうい》するような形で、三輪の神が出現して、去っていく男の気持ちと、見送る女の哀しみをと同時に重層的に見せてしまおうという、錯綜《さくそう》した、しかし、いかにも能らしい結構になっているわけである。そうすることによって、やや『井筒』にも通う、弱々とした哀歓を表そうという意図でもあろう。

一曲としての見どころは、後半のクセ舞の風情と、それに続く神楽の楽しさにある。

# 望月　もちづき

『望月』は、ごく単純な仇討《あだうち》物語であって、筋はここに詳《つまび》らかに述べるまでもない。要するに、望月秋長《あきなが》に討たれた安田友治《ともはる》の妻子が、近江の守山宿《もりやましゅく》の甲屋《かぶとや》において、偶然仇秋長に巡りあい、かつて安田の家来たりし甲屋の主人の才覚によって、獅子舞《ししまい》にことよせて見事に仇討を果たす、というだけの話である。

謡いどころもごく少なく、ほとんど科白《せりふ》劇といってよいくらいの、いわば典型的な劇能である。が、この曲は、古来重い習いとされてきた。そのいわれは、おそらく「獅子舞」の存在にあるのであろう。すなわち、往古は『石橋《しゃっきょう》』が一子相伝の秘曲であったために、そのやや簡略な型をもった本曲の獅子舞を以てこれに代えたということによるらしい。したがって、そこにはさまざまな口伝《くでん》があるのであるが、そういうことは観能上はたいして意味がない。

例えば、『道成寺』といえば「鐘入り」、『望月』といえば「獅子舞」というような、決りきった見かたは、必ずしも正しい観能態度とは言われぬ。まして、その「秘伝・口伝」

望月　津村禮次郎

などを云々《うんぬん》してみてもはじまらぬ仕儀である。
『望月』もやはり（『道成寺』などと同様）作劇上の眼目が前シテにあることは疑いを容れぬ。すなわち、甲屋の亭主は、本来安田の家来である。安田は相応の身分ある武士であったろうと思われるが、その妻たるツレは、それゆえシテにとっては主君の北の方に当るのである。それを、いかに仇討のためとは申せ、「この宿にはやる盲御前《めくらごぜん》」に扮《ふん》せしめるのである。

このことは、現代人にはちょっと分りにくいニュアンスを含んでいるかもしれない。「盲御前」はまた「女めくら」とも呼ばれ、中世、白拍子などと同じく、芸能をもっていずこにも推参《すいさん》した一種の遊芸者であって、男の「盲法師《めくらぼうし》」が琵琶《びわ》や笛などを鳴らしつつ「平家語り」をしたのに対し、女の「盲御前」は鼓や琴などを鳴らしつつ『曾我物語』を語って諸国を遊行《ゆぎょう》したのである。なかには親子連れで、子が鼓を拍《う》ちなどする者もあったに違いない。そして、いかなる高貴の人の御前にも推参することが黙認されていた代わり、むろん、そのまま夜の伽《とぎ》などもすることがあった。能に馴染《なじ》み深いかたで申せば、静御前や祇《ぎ》王《おう》御前などと一般の「御前」と呼ばれた種族であったのである。

それゆえ、とくに咎《とが》められもせず秋長に見参《げんざん》できたという設定なのであるが、しかし、そのためには、いやしくもかつての主《しゅう》の北の方に、かりそめとは申せ、そこまで身を落としてくれと頼むのであるから、シテの心中はまことに屈折したものであったと知るべきである。

逆に秋長の側から見れば、かかる「盲御前」は、決して色香の失せた老女ではあり得ない。それどころか秋長は艶然たる盲御前の色香にふと気を許してしまう、というのが仇討成就の一要因となっているのであるから、その複雑な設定には充分留意する必要があろう。そのあたりの気持ちが「かの蟬丸《せみまる》の（略）道の辺《ほとり》に迷ひしも、今の身の上も、思ひはいかで劣るべき」という上歌《あげうた》の一節などに込められてある。

また、クリ・サシ・クセにかけて、ツレが『曾我物語』の仇討を謡いわたるのは、別段偶然でもことさらな作為でもなく、それが「盲御前」の当り前の職能であったからにほかならぬ。されば、仇もつ身の望月が、かくも安易に『曾我』の仇討芸を許したとしても、とりたてて不思議はないのである。

ただ、現実としての「御前」の姿のなかに、この状況のきわどいところを見せて、観客をハラハラさせる効果は充分に計算されている。

かくて、前場の各人物は、皆それぞれに屈曲した思いを抱きつつ進行していくので、就中《なかんずく》、シテとツレの、期待と忍耐とをふたつながら内に込めて、しかもさりげなく装うというあたりに、演技上の苦心が払われねばならぬ。そういった、抑制されつくした前場が、後場の獅子の舞からにわかに高揚し、顕現し、発散して、ついには仇討大団円に至るところに、かかる曲の面白さがあるのである。その意味では、前シテでどこまで内にこらえ、後シテでいかに放っていくか、そのあたりをもっともよく見たいものと思うのである。

# 求塚　もとめづか

一人の美しい女に、甲乙つけがたい複数の男が想いをかけ、それゆえに女が進退に窮するという型の話は、伝説の世界では一つの類型として存在している。この『求塚』の原話である、「蘆《あし》の屋のうない処女《おとめ》」の話や、『万葉集』に見える「葛飾《かつしか》の真間《まま》の手児奈《てこな》」、そういうものから、遥《はる》かに、かぐや姫（『竹取物語』）のような難題婿《なんだいむこ》型の説話にまで、広くみればこの種の話型は関わってくる。

「うない処女」の話は、古くは『万葉集』巻九「挽歌《ばんか》」に「うなひ処女の墓を見る歌一首」という題で出《い》で、「うなひをとこ」と「ちぬをとこ」が「うなひ処女」を争ったという内容の長歌に詠んでいる。しかし、そのもっと詳しく物語化された形は、『大和物語』百四十七段に伝えられる。

『万葉集』と『大和物語』では、すでにその話の趣を異にし、いずれかといえば、『万葉集』のほうが、男性的に力ずくで荒々しく少女を争う形である。『大和物語』は、平安朝の話らしく優しい妻問いの形式をふみながら、やがて、乙女と三人もろともに入水《じゅすい》して果

求塚　津村禮次郎

てた、という結末になっている。

もっとも、『大和物語』の作者は、そのあとに、書かずもがなの後日譚《たん》をとってつけ、そこに、死後、二人の男の亡魂が、刃傷《にんじょう》ずく、血みどろの争いをするさまを描いているのである。この後日譚のほうは、能『求塚』では、間狂言に語られるほかは、能の詞章では言い及ばれない。

さて、『求塚』は、正確に言えば作者不明であるが、ここでは、乙女を争った二人の男は、一人は「ささだをのこ」、もう一人は「ちぬのますらを」ということになっている。じつを言えばこれは作者の思い違いで、『万葉集』の「小竹田壮士（しのだをとこ）」（別の読み方をすれば「ささだをのこ」）は、和泉の国「しのだ」郷の男という意で、その「しのだ」郷の「血沼《ちぬ》」の里に住んでいた男のことである（これは『大和物語』でも変りはない）。つまり本来は「ささだをのこ」＝「ちぬをとこ」＝「ちぬのますらを」ということになる。だから能の設定はあきらかにおかしいのであるが、しかし作劇上、とくに問題とするには及ぶまい。

本曲の前場と後場とでは、その情趣も景物もまったく違っている。後場、地獄の呵責《かしやく》をテーマとして、聞くだに恐ろしい阿鼻叫喚《あびきようかん》の状を、しかも、写実的に描きだすのに対して、前場は、その惨状とは正反対の、早春の生田《いくた》の野の、若草と淡雪と、菜摘《なつ》みの少女たちという、清新でもっとも汚れなくて、希望に満ちた明るい光景を配しているのである。

ワキの西国方《さいこくがた》の僧は、例によって「うない処女」とも二人の男ともなんの関係もなく、ただ通りかかったのにすぎない。それが、ところの名所をたずねるうちに、何心もなく「求塚」に言い及んだところで、じつはその「うない処女」の亡霊であったらしい菜摘女の一人(前シテ)の心をとらえるのである。

やがて、女はこの「求塚」の由来、すなわち「うない処女」の伝説を語るうちに、やや本性を顕わしてくる。

シテの昔語りは、『大和物語』とは、一つの大きな違いがある。

『大和物語』では、男たちは、身をなげた処女の、一人は手を、一人は足を取りつつ、ともに水底に沈む、という優しい恋物語らしい終わりかたなのであるが、能のほうは「さし違えて」死んだということになっている。こういう血腥《なまぐさ》い最期は、そのまま後場の憂き地獄の責め苦に相呼応《あいこおう》するのであって、原話のロマンチックな結末がもっていた、ある種の悲恋的カタルシスを否定して、そこに未練と苦痛を注ぎこんだのである。げに恋は、妄執《もうしゅう》である。未練である。恋の成就せぬ、それゆえに死んだ苦しみは、そのままその対象たる女の死後に報ぜられなければならぬ。

こうして、うない処女は、生きてあるときも、死んだ後も、永劫《えいごう》に滅却《めっきゃく》されない妄執の業火《ごうか》に焼かれるのである。しかもそれは、本当を言えば、女にはなんの落ち度もないのではなかったか。

あえて言えば、理不尽な男たちの恋慕に、優しい女心が決断しかねて、ついでに罪もない「オシドリ」をまで殺生する破目になってしまった。それがまた死後、鉄《くろがね》のクチバシで彼女をついばみ破るのである。

こういう形で、本曲は、恋に身を焦がすことの危うきをさとすのであるが、それはじつは、それゆえにこそ男をも女をも迷わせてやまない「恋」というこの不思議なものの本性を、あまさず描きだすのである。こういう恋の表裏にまで立ち至ったところに、本曲の、原話よりもっと文学的に進んだところがあるのである。

# 紅葉狩《もみじがり》

満目《まんもく》の紅葉《こうよう》、時雨《しぐれ》て色も一入《しお》の深山《みやま》べに、何とも知れぬ上臈《じょうろう》たちが現われて、酒宴を開くところから本曲は始まる。ところは戸隠山《とがくしやま》の奥深い山中であるらしい。暫《しばら》くはシテの謡う詞に心を付けて、充分に黄色や紅の樹々、清冽《せいれつ》な渓水《たにみず》などを思い描くのがよい。前シテの下歌上歌《さげうたあげうた》、またそれに続くワキのサシ謡のあたり、紅葉錦秋《きんしゅう》の景物を綴《つづ》り連ねて、謡曲表現の精華とも評すべき美しさをもっている。

さてしかし、こういうところに鬼が集って人を取るという噂があった。

桓武天皇の末裔平維茂《これもち》（ワキ）は、それともしらず狩のためにこの山に入ってくる。見ると、かかる人気《ひとけ》も無い山中に、目もくらむばかりの美女たちが集って、酒宴の最中である。怪しいと見るのが当り前なのだ。しかし維茂は気が付かない。

もっともこれを最初から怪しいと思っていたのでは、劇としてはつまらない。じつのところ、かかる形で、女たちが山の中に籠《こも》って物忌みをするという習慣は、古くは別段に珍しいことでもなかった。「八乙女《やおとめ》」だの「九乙女《ここのおとめ》」だのといって『万葉集』などに出てくるのがそれである。

そういう伝統があるから、維茂が怪しまなかったとしても、そのこと自体はひどく不自然だというわけでもない。ただ、かしこまって過ぎようとする維茂を女たちが袂《たもと》に縋《すが》って引き止めたりする、そのことの怪しさに気が付かないのは、やはり例の助平心《すけべごころ》というものであろう。今でもこうして、怪しい女の計略にかかって「昏睡泥棒」にしてやられたりする男が絶えないことを思い出してみるとよろしかろうか。

かくて、飲めや踊れやの騒ぎのうちに、すっかり気を許した維茂はまんまと昏睡《こんすい》させられてしまう。この前後「袂に縋《すが》り留《とど》むれば、さすが岩木《いわき》にあらざれば、心弱くも立ち帰る」というあたり、女の誘惑に弱い千古《せんこ》不易《ふえき》の男心を思うて苦笑せざるを得ぬ。しかしいっぽうこれによって、上臈たちのこの上なき色香をほのめかしてもいるのだと見られよう。

やがてクセにかかり、飲酒戒《おんじゅかい》を破ることの恐ろしさを謡い、それによって維茂の心の隙《すき》を表すいっぽうで、かたがた観客への伏線暗示ともしたのである。恐ろしいことが起こるぞ、恐ろしいことが起こるぞ、そういう気分が段々高まっていって、果たせるかな、クセの後、「中之舞」の半ばよりにわかに「急之舞」に変り、あたりには涼風《りょうふう》吹いて、日は暮れ、雨までも降り添うという夜嵐《よあらし》の物凄《ものすさ》ましい様相へと一転する。「夢ばし覚まし給ふなよ……フッフッフ、そのまま夢から覚めるなよ、おぬし……」、鬼の正体の現わしどころである。（中入）

紅葉狩　坂真次郎

後シテは、全《まつた》くかだましい悪鬼である。しかし、維茂には神の加護があった。それが、男山八幡《おとこやまはちまん》の末社《まつしや》の神《しん》たる間狂言の告げと神剣の与えである。これによって虎口《ここう》を逃れた維茂は、後場、神の与えの剣を以《もつ》て、本性を現わした鬼どもと丁々発止と渡りあい、大活劇を繰りひろげる。

こうなれば鬼は、とうてい神の通力《つうりき》にはかなわないのである。美景、艶色《えんしよく》、そして活劇、この三要素が本曲の命であるが、鬼の退治されるこの結末がすなわち、祝福になるのである。君の御威光、神仏の霊威を揚げて、鬼を圧伏せしめる形として見せるわけである。じつはここに、こうした鬼物が五番目に置かれる意義があったのである。

# 夕顔　ゆうがお

同じく『源氏物語』の「夕顔」巻に取材しながら、『半蔀』は、その夕顔の「花」を主題として、シテは、夕顔上の亡霊とも、夕顔の花の精とも、ついに不分明《ふぶんみよう》であるのに対し、本曲では、はっきり夕顔上の亡霊が現われる。そこで『半蔀』は寂しみの内にも幾分浮きやかな風情を含むのに対し、本曲は遥《はる》かに「物凄《すご》い」のだ。

ここは「何某《なにがし》の院」、すなわち「河原院《かわらのいん》」の旧地である。「河原院」は、古く源融《みなもとのとおる》の幽霊などの棲《す》むところであった。そこは『源氏物語』の世界でも、すでに荒涼と恐ろしげに描かれる。この化け物屋敷で、おびえる夕顔上をば、かの六条御息所の生霊らしい、モノ(正体ははっきりとは分らない)が取り殺してしまう、とこれが『源氏物語』「夕顔」の巻の大筋である。

さて、その取り殺された夕顔の亡霊が、なおここに残っていて、哀しく迷い出るのだ。「物の文目《あやめ》も見ぬ辺《あたり》の、小家《こいえ》がちなる軒の端《つま》に……風に瞬く灯火《ともしび》の、消ゆると思ふ心地して、あたりを見れば烏羽玉《むばたま》の、闇のうつつの人もなく……」と続くクセの文言など、本当

夕顔　豊嶋訓三

にゾッとするような、マイナスの風情に満ちている。

あの白い花の咲いていた五条あたりの隠れ家《が》の思い出を詠ずるうちに、夜半、にわかに松の枝を風が渡ると聞くやいなや、たちまち灯は消えて、あたりは真の闇に閉じられる。その漆黒の内に、溶け込むように、前シテは消えてゆくのである。

後場、ワキ僧が読誦《どくじゅ》しつつ、月下の庭面《にわも》を眺めている。

ここでも僧の読むのは「変成男子《へんじょうなんし》」つまり女人成仏を説く『法華経』である。池にはどんよりと水草が茂り、折々嗄《しわが》れた鳥の声が静寂《しじま》を破る。そういう空間のなかに、夕顔の亡霊が、恨むがごとく慕うがごとく現われ、それがやがて、『法華』の功力《くりき》を受けて得脱《とくだつ》の姿に転じ、明けゆく東雲《しののめ》の彼方に消えてゆくのである。風情第一というのは、こういう曲のことを言うのであろう。

なお、ワキを豊後《ぶんご》の僧としたのは、夕顔の娘玉鬘《たまかづら》が育てられた土地、というわずかの縁《えん》辺《ぺん》をたどって、その母の霊が現われるという用意である。

# 遊行柳《ゆぎょうやなぎ》

樹木には精霊が宿る。なかでも松・桜・梅・柳などに神霊の宿る伝えが多い。

本曲もその一つであるが、この草木の精という性格設定はとかく難しい。

ワキ遊行上人《ゆぎょうしょうにん》の一行の前に現われる老人（じつは柳の精の化身）は、まず、「先年遊行の御下向《おんげこう》の時も、古道とて昔の街道を御通《おんとお》り候《そうら》ひしなり」などと言いつつ、今はもう使われなくなった「古道《ふるみち》」へと一行を案内するのだが、それはこの「古道」に立つ「古塚《ふるづか》の柳」がもう忘れられた存在になっていることを示すための作為であろう。なにぶん「ふる」という言葉には、ただ時間的に古くなっているというばかりでなく、「もう忘れられている」という含意が込められているのがふつうだからである。

さて、前シテの性格は、かくて忘れられ朽ちつつある古柳の、老愁《ろうしゅう》をかたどるのであるから、幕からの呼掛けから中入の消えかたまで、一貫して荒涼たる趣である。けれども、その内に御法《みのり》に遭《あ》うことの、かすかに浮きやかな気分が仄《ほの》見えるところがミソで、西行上人の歌に詠まれた昔日の誉れを語ったりするところが、こうした気分の表われかと思われ

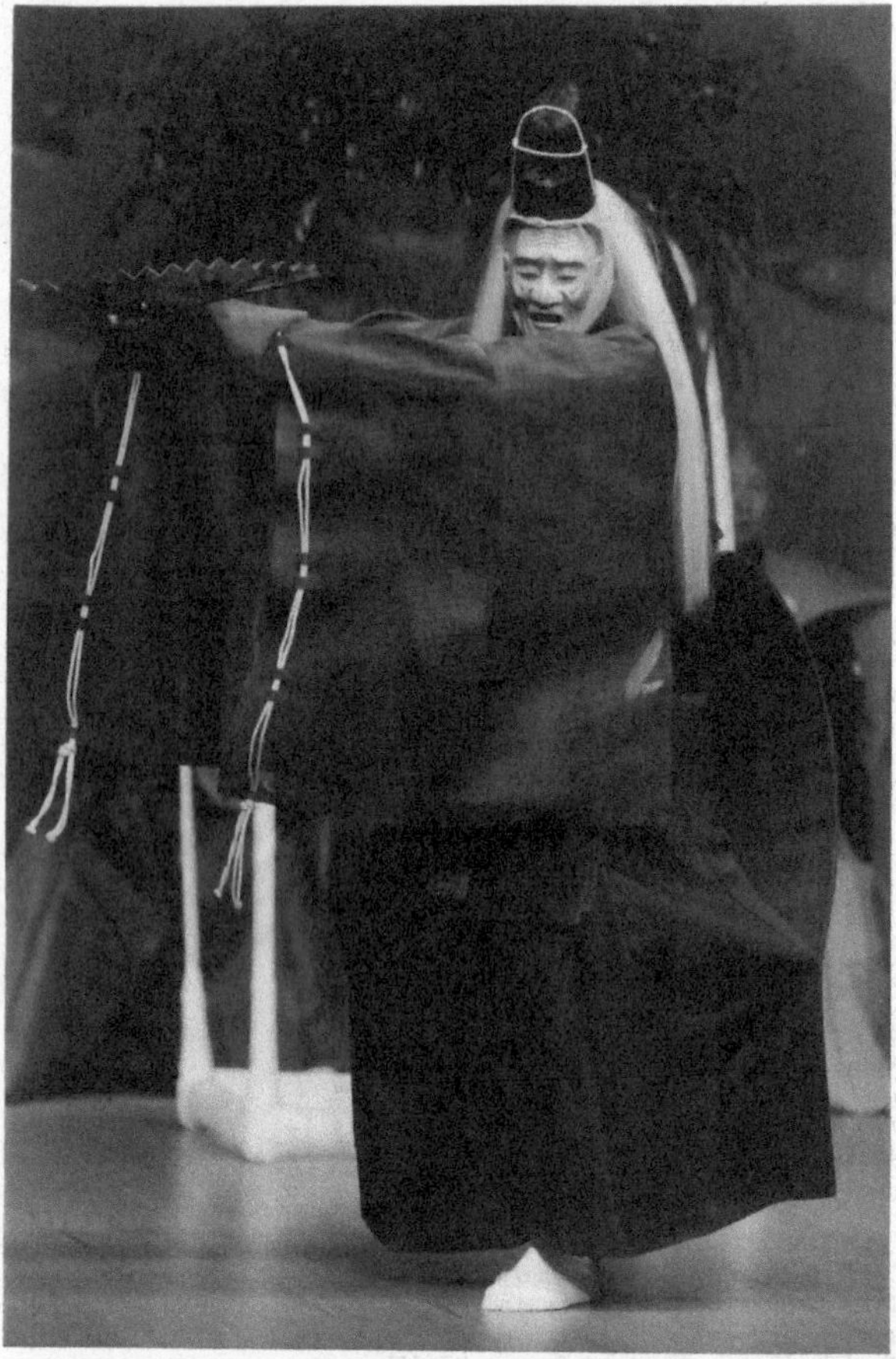

遊行柳　中村裕

る。

後シテは、その逆で、烏帽子《えぼし》狩衣《かりぎぬ》に大口を着けた「神《かん》さびた」風体で出る。だから前シテのように淋《さび》しくてはおかしいが、といってやはり背後の「老い」は争われない。クセのあたり、「されば都の花盛り、大宮人《おおみやびと》の御遊《ぎょゆう》にも、蹴鞠《しゅうきく》の庭の面《おも》、四本《よもと》の木陰《こかげ》枝垂《えだた》れて、暮《くれ》に数《かず》ある沓《くつ》の音《おと》……」などと言って、若やいだ文句や型で柳の徳を称揚しながらも、やがて「老木《おいき》の柳気力無うして」と、弱々しく収束するのがそのよい例である。

キリはノリ地であるが、秋の冷風に、夢がだんだん覚めていくさまかと聞きなされ、そこにまた、夢でも覚めても人を愁殺《しゅうさつ》せずにはおかぬ老人物の余情《よせい》が残るのである。

# 熊野　ゆや

『熊野』は最高の人気曲の一つで、それだけにいろいろな演式、口伝などが伝わっている。熊野御前という名前からして、なにか高貴な姫君のように思ったら大間違いで、じっさいは東海道の池田宿《いけだしゅく》の遊女である。いっぽう、ワキ平宗盛《むねもり》は、重盛亡きあとの平家の棟梁《とうりょう》であるが、平家随一の馬鹿殿であることは、『平家物語』がいろいろの例話を挙げてつぶさに説くところである。これが本曲の基本的力学関係である。

ともかく宗盛という男は、浅智短才にして無神経、そのうえワガママな人格で、ために さまざまな人に災いを及ぼしている。だから、寵妾《ちょうしょう》熊野を無理強いに留めおいて困らせているのである。

その熊野御前の心を苦しめるものは老母の病気である。池田宿に残された老母が、娘の熊野に文をよこす、その文には病のため頼み少なななる由がしみじみとかきくどいてあった。これをツレ朝顔から受け取った熊野は、直ちにその場で一読する。さてこれは大変というので、仕えている宗盛の御前に参上し、この手紙の旨

熊野　津村禮次郎　駒瀬直也

を申して帰郷を願うのである。その高らかに文を読み上げるところを「文之段《ふみのだん》」と称し、能として一つの聞かせどころとなっている。

そこで、その文面であるが、

「甘泉殿《かんせんでん》の春の夜《よ》の夢、心を砕く端《はし》となり、驪山宮《りさんきゅう》の秋の夜の月、終わりなきにしもあらず……」

と読み出し、おおむねこの調子で一貫しているのである。

現代人は、こんな文面を見ても別に奇異の感を抱かないかもしれないが、昔の女が、しかも娘に宛てた文の文面として、こんなふうに書くことは、じつは決してあり得ない。いわば、この「文」は当時の現実の「女文」の常識からは大きく逸脱しているのである。すなわち、これは写実としての「文」ではなく、その主意を詩的に昇華せしめた明らかな虚構の文面にほかならない。だいいち、写実的に「女文」でやられたら、ダラダラしてとても聞いていられるものではないのである。

しかし、それでいて、文にこめられたあはれは、たしかに老母の思いを彷彿《ほうふつ》せしめる。こういうところにも、写実を超克した能の、作劇の特色を見ることができると思うのである。いわゆる「虚実皮膜《きょじつひまく》」のあわいである。

かくして、花も盛りの美妾《びしょう》熊野の、文読む声のなかに仄《ほの》かに老母の嘆声が重なってくるはずである。が、宗盛にはそんなことは分らないのだ。

彼の最大の欠点はことの軽重《けいちょう》が分らない点にある。大事の前の小事に拘泥して臣下の信頼を失うというようなことが、しばしば起こる。熊野の老母の病が篤《あつ》しくなり、死ぬ前に一目会いたい、どうしても帰郷して欲しい、と、これは大事である。花見はそれに比べれば遥《はる》かに遥かに小事である。しかし宗盛は小事を優先して帰郷を許さなかった。そうして、彼は熊野御前を伴って花見の道行に赴くのである。そこが、サシから下歌上歌《さげうたあげうた》にかかる有名な謡いどころ舞いどころである。

サシの謡は、いきなり「春前《しゅんぜん》に雨あって花の開《ひら》くる事早し、秋後《しゅうご》に霜なうして落葉《らくよう》遅し……」と、ばかに難しい文句で始まるのだが、これは『普灯録《ふとうろく》』という禅宗の本に出ている文句である。禅の語録だから分ったようで分らない。けれどもこの「シュンゼンニアメアッテ……シュウゴニシモノーシテ……」という鋭い音調(朗読してみるとよく分る)によって、全体悲壮な雰囲気が横溢《おういつ》してくる。

かと思うと下歌で「げに長閑《のどか》なる東山」とおっとり受けとめ、それに歌い継ぐ上歌で、あの有名な「四条五条の橋の上、老若男女《ろうにゃくなんにょ》貴賤都鄙《きせんとひ》、色めく花衣《はなごろも》、袖を連ねて……」という春色爛漫《らんまん》たる景色が展開するのだ。麗しく長閑な春日の、哀しく切迫した心事《しんじ》、本曲のドラマはここにある。この詞章の巧み、音律の微妙、まさに名曲たるを失わない。

ともあれ、宗盛は、人の気も知らぬげに、花見だ花見だと立っていく。洛中《らくちゅう》洛外は桜花《おうか》艶々《えんえん》として貴賤袖を連ね、皆人《みなひと》の浮かれ行くを見れば熊野の心中はいかばかりであろうか。

クセの文言のうちに「清水寺《せいすいじ》の鐘の声、祇園精舎《ぎおんしょうじゃ》をあらはし、諸行無常の声やらん、地主《じしゅ》権現《ごんげん》の花の色、娑羅《さら》双樹《そうじゅ》の理《ことわり》なり……」などと抹香臭いことを述べて、無常の趣を込めたのは、そのあたりを表したのである。

思いは恋々《れんれん》悶々《もんもん》として、中之舞にかかる。結局、この舞と、それに続く和歌、

いかにせん都の春も惜しけれど
　馴《な》れし東《あずま》の花や散るらん

私はどうしたらよいのでしょう……この都の春も去るには惜しいのですけれど、でも、ぐずぐずしていたら、長く馴れ親しんだ関東の花が散ってしまいます（なつかしい母の命が散り失せてしまいます）から……。

そのみごとさに愛《め》でて帰郷を許されるのであるが、公の御意《ぎょい》変らぬうちにと、そのまま蒼惶《そうこう》と帰郷を急ぐ幕切れであるから、どこまでもワキ宗盛は憎まれ役である。

小書「村雨止《むらさめどめ》」の場合は中之舞の途中で舞いさして止める演出となる。にわか雨に慌だしく帰郷を急ぐ心を表すのである。また「読次之伝《よみつぎのでん》」は文之段の前半をワキが読み、途中から交替してシテが読むという形になる。「墨次之伝《すみつぎのでん》」はイロエ（短冊之段）に墨を次いで書き付ける具象的所作が入り囃子《はやし》も少し変る。いずれも劇的効果を高める演出にほかならない。

# 養老　ようろう

冒頭、真ノ次第にいきなり「風も静かに楢《なら》の葉の」とか「鳴らさぬ枝ぞのどけき」とかいっているのは、なかなか意義深い。それが、直接に本曲の主題を暗示しているからである。

美濃の国、本巣《もとす》の郡《こおり》に不思議の泉が湧出《ゆうしゅつ》したというので、雄略《ゆうりゃく》天皇の臣下（ワキ）が、その霊水を視察しに下るところから本曲は始まる。

話自体は単純で、その勅使を迎えた親子の民（シテ・ツレ）が、帝徳を賛《たた》え、くだんの霊水を共に酌みかわし、ありがたき御代の恵みを言祝《ことほ》いでいると、不思議の音楽が聞こえ、天から花が降ってくる。（中入）

後場は山の神が出現し、力強い舞を舞って祝福し、清々《すがすが》しい気分のうちに一曲は終わる。

養老の滝の説話は、古くは『続日本紀《しょくにほんぎ》』に見えるが、史実は単に、効験あらたかな鉱泉が発見されたのに因《ちな》んで元号を「養老」と改め、大赦と老人救恤《きゅうじゅつ》令を宣布したというのに過ぎない。それをすこし物語的に、美酒の湧き出る『二十四孝』ばりの親孝行説話とし

養老　坂真次郎

たのは『古今著聞集《ここんちょもんじゅう》』『十訓抄《じっきんしょう》』等であるが、いずれも元正《げんしょう》天皇の御代《みよ》とするから、本曲とはずいぶん設定を異にする。もと、同類の別の説話があって、それらが混ざり合って世に名高い「養老滝伝説」を形造っているものらしい。すなわち、本曲の典拠は、『十訓抄』などとは別に伝わった話かと思われるのである。『十訓抄』で見ても、『続日本紀』で見ても元正帝の御宇《ぎょう》の話とあるに、ここには雄略帝の御代とあって、その間三世紀もの隔たりがあるのも、かかる事情によるらしい。

本曲はむしろ、主題の上では史実に近く、孝行伝説というような筋立ては用意されていない。ただ老親を育んだというばかりで、至孝《しいこう》に愛《め》でて霊泉の奇瑞《きずい》を現わしたのだというようには扱われていないのである。けれども考えてみれば、そのほうがよいのである。なぜならば、本曲の主旨は、冒頭の文言にも象徴されるごとく、あくまでも山の神が霊泉を出現させ、やがて自らも姿を現わして治まる御代のめでたさを称賛するところにあるからである。春秋の筆法をもってすれば、霊泉の湧出それ自体すでに太平の御代を言祝《ことほ》ぐ瑞兆《ずいちょう》にほかならないのである。いわば、老樵《ろうしょう》父子はその発見者というにすぎないのだ。

したがって後シテは、この父子とは何らの関わりもなく、その山の神であって、君の恵み和《のど》けき御代を祝賀するためにのみ出現するのである。神舞《かみまい》を挟んで「水滔々《とうとう》」たる由を重ねて吟ずることを念頭に留めて観ずれば、かの強く颯爽《さっそう》たる神舞は、たぎり落つる瀬音を表象するかに看《み》なされる。季は初夏、一点の濁りもなく、清《すが》やかな祝意の横溢《おういつ》するところに、本曲の愛すべき所以《ゆえん》があろう。しからば、この際孝行話などは一応度外視して、ただ気持ちのよい神舞を楽しんで、われらもこの平成の御代の平和をともに言祝ぐことにすればそれでよいのである。

# 吉野天人　よしのてんにん

　昔、新嘗祭《にいなめさい》のおりなどに、宮中に献ぜられる芸能のひとつに「五節舞《ごせちのまい》」というものがあった。これは、ごく年若い舞姫たちによって舞われる群舞で、まことにあでやかなものであったらしい。ところが、不思議に、この五節舞には、吉野発祥起源説が付属していて、その子細は『源平盛衰記《げんぺいじょうすいき》』や『公事根源《くじこんげん》』に見える。たとえば『源平盛衰記』巻一「五節の夜の闇討」の章の付けたりとして伝える話は、天武《てんむ》帝が吉野宮に行幸して、御心を澄まし琴を弾じておられたところ、神女が天から降《お》り下って、袖を翻《ひるがえ》して舞を舞った。ところが、そのとき空が暗くてよく見えなかったので、帝は唐から伝来した「豊明《とよのあかり》」という名の宝玉の光を以《もっ》て照らし、これをご覧になった。そこで乙女たちは

　　乙女こか乙女さすひもそのから玉を

　　　乙女さすひもそのから玉を

　というわけの分らない歌を、五たび異なる節で歌いつつ、五たび舞ったので、これを「五節」と名付けたのだというのである。「五節舞」はこの故事を象《かたど》ったものということに

吉野天人　関根祥六

なっているのだが、ただこれらの話のなかには、桜はとくに意識せられていない。

こういう説話と、吉野名物の桜の花盛りとを結びつけたのが本曲の眼目で、本曲では、天女が桜の花に引かれて降《くだ》ってきたものと設定している。それは、桜がただに美しいからというのでなく、桜という樹木のもっている、ある種の霊力ということと、その発想において無縁ではない。すなわち「さくら」は、元来、田の神である「さ」（早乙女《さおとめ》、早苗《さなえ》、五月《さつき》、五月雨《さみだれ》の「さ」）という言葉と、なにかの「居る場所」という意味の「くら」（馬の鞍《くら》、玉座の高御座《たかみくら》などの「くら」）との連なった語と目され、その花の咲く時期と咲き加減が、農事暦の初めに当って、農耕の豊凶を占った神聖な樹だったのである。桜が咲くと、日本人は、なんだか心が浮き立ってきて、どうでも木の下で宴会をせずにはいられないのは、神を祭り酒食をともにして、豊作を祈願した古い農村的気分の、今に残存した痕跡《こんせき》にほかならないのである。

近代文学の世界でも、梶井基次郎《かじいもとじろう》は、桜の樹の下には屍体《したい》が埋まっている！と詠《なが》め、また桜は死霊の寄る不吉な木のごとくいって庭樹には避けるのも、そういう呪術性《じゆじゆつ》の、少しく転ぜられた形であろう。多磨《たま》墓地をはじめとして、諸国の墓地に桜を多く植えることも、したがって偶然ではないのだ。

かくて、桜は、通史的に、いつもなにか怪しい魂のようなものの「憑《よ》り代《しろ》」と看《み》なされてきた。そこに、吉野山の桜と、五節舞の天人とを結ぶべき「発想のカギ」がある。

本曲は、じつは至極単純な曲想であって、つきつめていえば、その五節舞の起源、吉野の花盛りを舞台に再現してみせるというところに尽きている。同じ天人でも羽衣などのような一種のドラマ性や、陰影があるわけでもない。ただ美しく、あたたかく、めでたい五節舞を、能舞台に移してみせるのである。本来五節舞は少女の群舞なのであるから、小書「天人揃《てんにんぞろえ》」の、何人も連れ舞う姿こそむしろその本義にかなうとみるべきである。そうしてそれに応じて、小書付きの場合は、後場シテの出が、出端《では》から下り端に変り、ゆらゆらと天女の天くだるさまを象徴せしめるのである。

# 頼政　よりまさ

保元平治の乱では平家のためにひとかたならず勲功のあった源頼政も、かえって平氏の天下となっての後は、油断のならぬ者と思われたか、さしたる恩賞の沙汰《さた》もなく、久しく宮中の警護係という軽官に甘んずる不遇の日々が続いた。

『平家物語』では、歌人として才を謳《うた》われた頼政が、その不遇の身を述懐した歌、

人知れず大内山《おおうちやま》のやまもりは
　木《こ》がくれてのみ月を見るかな

人知れずひっそりと宮中をお守りしております私は、その身分にふさわしく木々の木陰からひっそりと月を眺めている（帝を仰ぎ見ている）ことでございますのでき栄えに愛《め》でて殿上を許され、ついに従三位《じゅざんみ》を賜った、としてある。

頼政は『源三位頼政集《げんざんみよりまさしゅう》』という名高い家集もあるほどの歌人であったが、むろんその本分は武人としてのそれであったに違いない。彼はかたくななまでに心の強い武士で、それだけに、武功が報われないことは不本意極まるのであった。壮年の頃、宮中を悩ませた鵺《ぬえ》

頼政　津村禮次郎

を二度まで退治して雲居《くもい》に名を挙げはしたものの、かかる異類怪物相手の手柄なぞ、彼の心を本当に休んずるものではなかった。そういう不満が、不遇意識を助長し、悶々《もんもん》と屈折した日々を送っていたかと思われるのだが、そこへ馬鹿殿の宗盛が無用の挑発をしでかしたのだった。

すなわち、頼政の嫡子伊豆守仲綱《いずのかみなかつな》の愛惜する名馬「木の下《こした》」を無理矢理に取り上げ、あまつさえ、その馬に「仲綱」と焼き印して、人前で打ったり叩《たた》いたりの恥辱を与えたのだった。

ただでさえ、鬱勃《うつぼつ》たる不満に屈折していた頼政である。これを聞いて、ただちに武門の恥を雪《そそ》がんと謀反を思い立ったのも、むべなるかなというところである。この経緯は、一部始終間狂言に物語られる。しかし、しょせん時の運は頼政にはなかった。戦《いくさ》は敗走の一方で、わずかに平等院にて踏み堪え、以仁王《もちひとおう》を落とさせて後、頼政は扇の芝に壮絶な自害を遂げる。

ここが、「橋合戦」をはじめ『平家物語』名場面の一つになっている。それをほぼ忠実に、仕方咄《しかたばなし》に語ってみせ、さも強々と印象深く見せようというのである。

本曲は型通りの複式夢幻能であるが、その前場が一種の「名所教え」の趣向になっていることの意味に注目しておきたい。

つまり、同じ「名所教え」でも、例えば『田村』や『融』とは違い、本曲のそれは頼政の特異な性格をそれとなく示すべく構成されているのである。頼政の亡霊たるシテからすれば、当地第一の名所はいうまでもなく平等院扇の芝でなければならなかった。だから、僧が名所を案内してほしいと言ったときに、彼の心には真っ先にそれを尋ねてくれるものという予断があったに違いない。ところがどっこい、僧がまず聞いたのは「わが庵《いお》は都のたつみ鹿ぞすむ……」の歌で名高い「喜撰《きせん》法師の庵」であり、次には「槙《まき》の島」であり、「橘《たちばな》の小島が崎」であり、「恵心僧都《えしんそうず》の旧蹟恵心院」であり、「朝日山」であり……、というように、老人の期待を裏切って、いつまでたっても肝心の「平等院扇の芝」が出てこないのであった。

いってみれば、例の「森の石松」の「寿司食いねえ」の話と同じ運びなのである。この運びに、頼政がだんだん苛立《いらだ》っていく感じがありありと読み取れる。この苛立ちや不満が、謀反という後場の主題に、意識の奥のほうで一貫してつながっていくことに留意しておかねばなるまい。で、彼はしびれを切らして、とうとう自分でその平等院扇の芝へ案内し、かくていよいよ話は本筋に入るのである。

後場は、まったくその宇治川《うじがわ》の先陣のありさまを、いかにも武ばった修羅ノリに乗せて仕方咄に見せ、この人本来の強い武者としての印象を遺憾なく描きだそうとするのである。

ところで頼政は、出家して源三位入道と呼ばれていたのであり、すでに齢七旬をこえる老人であり、そのうえ高名な武者でもある。だから、後シテは、世阿弥のいわゆる「法《ほっ》体《たい》・老体《ろうたい》・軍体《ぐんたい》」の三者を兼ねるというわけである。そもそもこの三者を兼ねるということだけでも、ひとかたならぬ難しさであるが、さらにまた、理性では成仏得脱を願いつつも、感情において妄執を離れがたい、という二律背反がある。この錯綜《さくそう》し、屈折し、矛盾せる性格を、不自然でなく、また十全に演じ切るということは、まことに容易ならざる難事業であることが想像されるであろう。そういう全体の構造を心に置いて見ると、この曲専用の「頼政」という能面にも、なにやら鬱屈《うっくつ》した不思議な生臭さが漂っているではないか。

# 弱法師 よろぼし

『弱法師』は、謡曲のほか、説経節、義太夫、小説など、各種の脚色があって、ひろく喜ばれた素材であった。その理由は、一つには盲目の美少年が、神仏の加護によって一転して至福に至るという趣向にあったとみてよい。

ざっとその筋をおさらいしておくと、河内の国高安の里の左衛門尉通俊《さえもんのじょうみちとし》という者が、うかつにも讒言《ざんげん》を信じて、わが子俊徳丸《しゅんとくまる》を追い出してしまった。俊徳丸は放浪のうちに病んで盲目となり、弱法師というものに身を落として、悲しい乞丐《こつがい》の生活を送っていた。やがて通俊は、追い出したわが子俊徳丸を憐《あわ》れんで、天王寺《てんのうじ》で七日間の施行《せぎょう》を催していた、ところへ、弱法師となった俊徳が来あわせる。そこで、俊徳が天王寺の縁起（クセ）を物語っていると、その姿を見た通俊が、わが子と気づいて、めでたく再会を果たす、とまずそういう筋である。

もともと観世十郎元雅の作であるが、世阿弥の自筆本が残っていて、それを見ると、現在の筋立てとはずいぶん違っている。もっとも、江戸時代にはすでに現行形式になってい

弱法師　大島久見

るので、これにも長い伝統があることが分る。

世阿弥自筆本では、弱法師には妻があって、それがツレとして登場する。今でも、シテの一セイに続くサシ謡で、「それ鴛鴦《えんのう》の衾《ふすま》の下《した》には、立ち去る思ひを悲しみ、比目《ひぼく》の枕の上には波を隔《へだ》つる愁《うれ》ひあり……」などと、夫婦の愛情のこまやかさや、その別れの悲哀を謡う文言が残っているのは、そうした古いテキストの名残であろうけれど、現行の本のなかではあまり意味がない。しかし、妻が消されたぶん、俊徳丸すなわち弱法師の、少年らしい線の細さ、澄み切った心意が浮き上がり、こればかりは必ずしも世阿弥の本のほうが勝っているとのみは見られない。

ところで、本曲を分析してみると、三つの要素に分けることができるであろう。

一つはヨロボシという乞丐人《こつがいにん》のこと、これはたぶん、天王寺にそういう俗称の芸能者が実在したものと見られる。「弱」も「法師」も宛字で、じっさいは有髪《うはつ》の民であったろう。古くは「妖霊星」とあてた例なども見える。

二つ目には、天王寺の縁起説話である。これはそのヨロボシと呼ばれた人々が唱導したものかと推量される。その大概は、クセとして脚色されているが、ここのみ世阿弥の作と見られる。

三番目が、高安の通俊とその子俊徳丸との悲話であって、これもヨロボシの芸能と関係があったかもしれない。というのは、伝統的には、盲目などの障害者は、ケガレと神聖性を同時に身に帯びた存在と信じられていたので、神仏の故事来歴などを語る芸能者にこうした人々がいたことはけだし当然であったからである（琵琶《びわ》法師などもその一例である）。つまりは彼等が、例えば天王寺の御利益《ごりやく》を説くのに、俊徳丸の親子邂逅《かいこう》の物語を以《もつ》てしたというようなことがあっても、いっこうに不思議はないということである。

こうして、この三つの要素は、天王寺を舞台として、ごく自然に結びつけられた。これは一種のリアリズム的手法なのである。

本曲は盲目のシテを巡る物語でありながら、不思議に色彩的であるところがまた、一曲の眼目となっている。

すなわち、前半でいえば、施行《せぎよう》を受くる弱法師の袖に、春の時正《じしよう》（春分の日）の梅の花が落ちかかって、馥郁《ふくいく》と香るところがある。シテにはその色は見えなくとも、観客には、陽の光、花の色が目に映発することであろう。どうして「時正」の日を問題とするかというと、その日には太陽は真西に沈み、その太陽の没する先を観念すれば、それがただちに西方極楽浄土へ通じたからである。これを「日想観《じつそうかん》」と言って、浄土信仰ではとりわけ重要な観法に属していたのである。

後半でいえば、俊徳丸が昔日の記憶をたどりつつ、四方《よも》の美景を歎《たん》じつくすところがそれである。こちらのほうは、「曇りも波の、淡路《あわじ》、絵島《えしま》、須磨《すま》、明石、紀の海までも、見えたり見えたり、満目青山《ばんぼくせいざん》は心にあり。おう、見るぞとよ見るぞとよ、さて難波《なにわ》の浦の致《ち》景《けい》の数々……」というのであるから、俊徳丸の心のなかには、海原島山《うなばらしまやま》の景が、ありありと見え渡るのである。すると、この何もない舞台には、否、舞台上に何もないからこそ、心中に致景をよび起こすという一点において、シテと観客とが、共通の場に立つことを得るのである。

ここが、総じての山場である。続いて、急に現実に戻ると、今度は観客はむしろ、ワキ父親に同化して、憐れんでシテを眺める。

こうして、この可怜《かれん》な少年に、父との再会という幸いが訪れるのである。

小書「盲目之舞」の時は、後半「入日の影も舞ふとかや」の後の立廻《たちまわ》りがイロエ懸りの舞に変り、心静かな日想観のさまをみせるが、これは世阿弥の古い本の手順に近い。そのほか、狂いのところで橋懸りを長柄《ながら》の橋に見立てての写実的な型などもあって見どころが多いのである。

# 籠太鼓《ろうだいこ》

松井定之さんの『能の観賞』によれば、九州松浦《まつら》の郷の関《せき》の清次《せいじ》という者が、浜窪次郎《はまくぼのじろう》という者と租税の是非を巡って口論の末殺害に及んだということは、世阿弥から一世紀あまり昔の、実在の事件であったらしい。おそらく、そういう巷談《こうだん》が室町の頃まで伝承されていたのであろう。

筋はしごく簡単である。

清次は殺人の罪で留置されていたが、なんとしたことか脱獄遁走《とんそう》してしまう。驚いた清次の主人は、彼の身代わりにその妻を捕えて入牢《じゅろう》させ、これを糾問《きゅうもん》に及んだ。しかし、妻は夫の身を案じてその居場所を吐かない。そうこうするうちに妻は、悲嘆狂気に至るのである。主人は、結局、妻の夫を思う心根に愛《め》でて、二人とも赦免と決し、夫婦はまたもとのごとく平和に暮らした、という結末になっている。

本曲は、今日では世阿弥の作とは信じられていないが、世阿弥の時代からそれほど隔たらない時代に作られたものとは見てよいだろう。就中《なかんずく》、一曲の大詰、いわゆる「鼓の段」

籠太鼓　橋岡久馬

など、謡うもの聴くものをして陶然たらしむるくらい、その詞章のめでたさ、曲節のおっとりとした美しさ、これをしも世阿弥の作と信じても不都合がないほどのでき栄えに思われる。

本曲は、全体非常にセリフの多い、一種の劇能としてでき上がっているが、なかでも目覚ましく活躍するのが、狂言方の演ずる従者である点にまた一曲としての特色を見ることができる。

従者は主人松浦の何某《なにがし》（ワキ）の命令で、逃亡した清次の身代わりとして籠者《ろうしゃ》させた清次の妻（シテ）を見張ったり、威《おど》したり、はたまた時の鼓を打ち鳴らしてしくじってみせたり、劇能の展開上重要な狂言回しの役と、緊張しがちなこの種の話柄に欠くことのできない、いわゆる「コミックリリーフ」とを受け持って大活躍する。

しかし、それもすべては後半「カケリ」「鼓の段」と展開して、狂乱から遊狂へと盛り上がるところの面白さに収斂《しゅうれん》していくための、周到なる用意にほかならない。

そうして、最後には夫婦ともに罪を許され、清次の所在も知れて、大団円に至るのであるが、だからといって妻の狂気を初めからたばかりごとと見ては面白くない。

主人も従者も、もちろん妻も、さらには罪人たる清次も、関係するすべての人物が皆いわば誠実な善人ばかりであって、結局善意のハッピーエンドに終わるところに、じつは本曲の掬《きく》すべき後味のよさがあるのである。

# 書後に

イギリス人にとってのシェークスピアは、必須の教養である。だから、イギリスに渡って、なにか談論風発しようというような機会には、往々にしてシェークスピアに談が及ぶことが多い。そんなとき、日本にはシェークスピアのような偉大な劇作家はいるか、と聞かれたらどうするだろう。私なら、「むろんです。日本には世阿弥という天才が六百年以上も前に能という演劇を確立して、いまもそれは脈々として受け継がれ、多くの人に享受されています」と答えるに違いない。

もし日本通の人なら、世阿弥についての本など一冊くらいは読んだことがあるかもしれない、それがイギリスという国のインテリなのだが、そこで、こんどは世阿弥と能について話をしようというようなことになったときに、いったいどれほどの人が、丁々発止とやりあうことができるだろうか。そこが、じつに悲しいというか遺憾というか……。

まずは、だから、ちょっと敷居が高い気はするかもしれないが、どなたも能楽堂に足を運んでいただきたいのである。そうして、どの流儀でもよろしいから、まずは一曲の能を見るという経験をしてほしいと思う。最初は、なんだかよく解らないと感じるかもしれない。しかし、どうしてこの能という芸能が長い長い年月を生き延びて、今日までその生命を失わずに来たのかという、その不思議に思いを致してもらいたいのである。

私は若い時分から能の実技を学び、また国文学研究の一環として能の台本である謡本《うたいぼん》の詞章の精読研究にも努めてきた。すると、これがひとり能だけの世界にとどまるものでなく、その背後には、日本の古典文学、さらには民俗学や信仰の問題にまでつながっていく、奥行き深い世界であることに感銘を受けずにはいなかった。

本書は、そんな立場から、かつて『林望が能を読む』として世に出したものだが、もとは能公演のためのプログラム解説を中心に一書にまとめたものであった。

つまり、こういうことを、最少限心に留めておいて、それから実際の能の舞台を見ていただきたい、とまあそんな思いで書いたものの集積なのである。

とくに若い人たちに申し上げる。

日本人が日本人であることを、つまり私どもの民族的アイデンティティというものをしっかりと持って、これからの国際化グローバル化の社会に立ち向かってほしい。それには、なによりも能を見るということが近道であろうと思うのである。そこには、私どもの祖先が太古から脈々と受け継いできた思考の方法があり、自然とのかかわりや、神の観念がある。そういう諸々のことを方寸《ほうすん》に畳んで、それから外国と対峙《たいじ》してほしいと思う。

この本が、そういう意味での手引書ともなればと願い、このたび加筆修正して再度世に出すことにしたのである。

どうかどうか、この本を道しるべとして、ぜひ能楽堂へ足を運んでいただきたいと願うこと切なるものがある。

二〇一六年春

菊籬高志堂の北窓下に

林　望

# 中世の感受性と想像力に立会える

丸谷　才一

多年の疑問が解けた。いや、そう言ってはすこし違うか。疑問と呼ぶほど明確に意識されていたわけではなく、ただどうも変だなあと、ときどきぼんやりと気にしていたにすぎないのだから。

それは能舞台の正面にかかっている梯子《はしご》のことで、わたしはあの三段かそこらの木の段々が何となく目ざわりで、なくたっていいのになとちらりと思っては、すぐに忘れていた。ところがこの本のはじめのところで、あれは白州梯子というものだが、江戸時代はもちろん明治になってからも通常はかかっていなかった、演能に先立って「翁」を勤めるときだけかけられたということを知ったのである。本来は、舞台の周囲に玉砂利の空間があって、これが白州。水を象徴する。能舞台は水に浮ぶ橋であって、この水は現世と常世《とこよ》を隔てる渺々《びょうびょう》たる海。そして翁はどこか遠いところから訪れる祖霊。そのときだけは現世と常世が結ばれるゆえ、白州梯子がかけられるのだ。

そこで林望は言い放つ。白州梯子などないと思え。能楽堂というコンクリートの建物もないと思え。青空のもと、きらきらする水面に不思議の橋がかかっている。そういう超常的な空間が目前に出現して、そこにこの世のものでない「モノ」が現れる。能を見るというのはそういう経験なのだ、と。

この著者は民俗学に詳しい。日本では折口信夫系の学問を学んだし、イギリスではその淵源《えんげん》ともいうべき学風に親しんだと推定される。当然、民俗学の方法は応用され、その知識は論述の裏づけとなる。それは御霊《ごりょう》信仰の演劇である能について語るのに好都合なことだった。わたしは民俗学をこんなに自信にみちて使った能の本を読んだことがない。しかしこの本がおもしろいのは、もっと深く、折口やその師匠筋に当るフレイザーが持っていた文学的感覚を、著者が充分に身につけているからである。そのせいでわれわれは、中世の感受性と想像力が動き出す場に立会うことができる。

たとえば「舟弁慶」について著者は、後シテはなぜ知盛なのか、見るべき程のことは見つと、従容《しょうよう》と自害したのだから、本来はたたる理由はないのに、と問を発し、これは西海に沈んだ平家一門のあまたの亡魂の代表なのだと述べる。都落ちの責任者宗盛は小人物で、壇の浦では死に損ない、後に刎首《ふんしゅ》されたから、ここに出現するのはおかしい。そこで明察と勇気を兼ね備えた第一級の人物である知盛が現れる。これは私怨《しえん》で出て来る凡百の幽霊と違う、と論ずるのである。なるほど、いいことを教わったという気になる。

また「歌占《うたうら》」には古いシャマニズム(巫人が超自然的存在との直接的交流によって、卜《ぼく》占《せん》、予言、病気治療などをおこなう)があざやかに写されている、と説いてから言う。

「こういう曲は、われわれの血肉に潜む先祖たちからの記憶をたどりながら、精霊たちの世界を追体験するつもりで見ていくのがよい。すると、キリの『憑《つ》き物』が落ちる瞬間など、おそらくフッとした懐かしさを覚えるはずである」と。前近代と近代の双方をよく知っている人の言葉だ。

森田拾史郎の写真が典雅にして清楚《せいそ》。

（毎日新聞一九九四年六月二十日版から転載）

写真／森田拾史郎

本書は1996年に集英社から刊行された
『林望が能を読む』に加筆修正の上、
あらたに文庫化したものです。

# 能《のう》の読《よ》みかた

林《はやし》 望《のぞむ》

平成28年 2月25日 初版発行
令和5年 12月20日 7版発行

発行者●山下直久

発行●株式会社KADOKAWA
〒102-8177 東京都千代田区富士見2-13-3
電話 0570-002-301(ナビダイヤル)

角川文庫 19628

印刷所●株式会社KADOKAWA
製本所●株式会社KADOKAWA

表紙画●和田三造





●お問い合わせ
https://www.kadokawa.co.jp/（「お問い合わせ」へお進みください）
※内容によっては、お答えできない場合があります。
※サポートは日本国内のみとさせていただきます。
※Japanese text only





ISBN978-4-04-400085-1 C0195


◆◇◇

# 角川文庫発刊に際して

角川源義

第二次世界大戦の敗北は、軍事力の敗北であった以上に、私たちの若い文化力の敗退であった。私たちの文化が戦争に対して如何に無力であり、単なるあだ花に過ぎなかったかを、私たちは身を以て体験し痛感した。西洋近代文化の摂取にとって、明治以後八十年の歳月は決して短かすぎたとは言えない。にもかかわらず、近代文化の伝統を確立し、自由な批判と柔軟な良識に富む文化層として自らを形成することに私たちは失敗して来た。そしてこれは、各層への文化の普及滲透を任務とする出版人の責任でもあった。

一九四五年以来、私たちは再び振出しに戻り、第一歩から踏み出すことを余儀なくされた。これは大きな不幸ではあるが、反面、これまでの混沌・未熟・歪曲の中にあった我が国の文化に秩序と確たる基礎を齎らすためには絶好の機会でもある。角川書店は、このような祖国の文化的危機にあたり、微力をも顧みず再建の礎石たるべき抱負と決意とをもって出発したが、ここに創立以来の念願を果すべく角川文庫を発刊する。これまで刊行されたあらゆる全集叢書文庫類の長所と短所とを検討し、古今東西の不朽の典籍を、良心的編集のもとに、廉価に、そして書架にふさわしい美本として、多くのひとびとに提供しようとする。しかし私たちは徒らに百科全書的な知識のジレッタントを作ることを目的とせず、あくまで祖国の文化に秩序と再建への道を示し、この文庫を角川書店の栄ある事業として、今後永久に継続発展せしめ、学芸と教養との殿堂として大成せんことを期したい。多くの読書子の愛情ある忠言と支持とによって、この希望と抱負とを完遂せしめられんことを願う。

一九四九年五月三日

# 角川ソフィア文庫ベストセラー

## 能のドラマツルギー
友枝喜久夫仕舞百番日記
渡　辺　保

盲目の名人・友枝喜久夫の繊細な動きの数々に目をとめ、そこに込められた意味や能の本質を丁寧に解説。舞台上の小さな所作に秘められたドラマと、ひとりの名人の姿をリアルに描き出す、刺激的な能楽案内。

## 心より心に伝ふる花
観　世　寿　夫

稀代の天才能役者・観世寿夫が、最期の病床で綴ったエッセイ。自身の経験を通して語られる能の奥深さと面白さが、能の真髄に迫る！　世阿弥の志向した芸を継承し、実現しようとする情熱にあふれた入門書。

## 能の見方
松　岡　心　平

「翁」「井筒」「葵上」「道成寺」など、代表的な能の名作25曲を通して、能の見方、鑑賞のポイント、舞台の魅力に迫る。世阿弥の時代から現代に届けられるメッセージを読み解く、能がもっと楽しくなる鑑賞入門。

## 能、世阿弥の「現在」
土屋恵一郎

面や装束の記号的な意味、序の舞の身体、ドラマを生み出す仕掛けとしての夢、世阿弥の言葉「花」「離見の見」「幽玄」。能のさまざまな側面に切り込み、演劇空間の「現在」がどのようにつくられるかに肉薄する。

## 風姿花伝・三道
現代語訳付き
世　阿　弥
訳注／竹本幹夫

能の大成者・世阿弥が子のために書いた能楽論を、原文と脚注、現代語訳と評釈で読み解く。実践的な内容のみならず、幽玄の本質に迫る芸術論としての価値が高く、人生論としても秀逸。能作の書『三道』を併載。

# 角川ソフィア文庫ベストセラー

ビギナーズ・クラシックス 日本の古典
## 謡曲・狂言
編／網本尚子

変化に富む面白い代表作「高砂」「隅田川」「井筒」「敦盛」「鵺」「末広かり」「千切木」「蟹山伏」を取り上げ、現代語訳で紹介。中世が生んだ伝統芸能を文学として味わい、演劇としての特徴をわかりやすく解説。

## 文楽手帖
高木秀樹

『仮名手本忠臣蔵』『菅原伝授手習鑑』『義経千本桜』をはじめ、骨太な人間ドラマを解説。文楽ならではの観どころ・聴きどころを逃さず味わえる。臨場感溢れるエンターテイメントとして楽しめる入門書。

増補版
## 歌舞伎手帖
渡辺　保

上演頻度の高い310作品を演目ごとに紹介。歌舞伎評論の第一人者ならではの視点で、「物語」「みどころ」「芸談」など、項目別に解説していく。観劇前の予習用にも最適。一生使える、必携の歌舞伎作品事典。

## 女形とは
名女形　雀右衛門
渡辺　保

なぜ男性が女性を演じるのか。その美しさはどこから来るのか？　名女形・中村雀右衛門の当たり芸を味わいながら、当代一流の劇評家が、歌舞伎における女形の役割と魅力を平易に読み解き、その真髄に迫る。

## 歌舞伎　型の魅力
渡辺　保

「型の芸術」といわれる歌舞伎。鬘（かつら）、衣裳、台本、せりふほか「型」は役を大きく変える。歌舞伎評論の泰斗が16の演目について、型の違いと魅力、役者ごとの演技を探求。歌舞伎鑑賞のコツをつかめる！

# 角川ソフィア文庫ベストセラー

## 源氏物語（全十巻）現代語訳付き
紫式部
訳注／玉上琢彌

一一世紀初頭に世界文学史上の奇跡として生まれ、後世の文化全般に大きな影響を与えた一大長編。寵愛の皇子でありながら、臣下となった光源氏の栄光と苦悩の晩年、その子・薫の世代の物語に分けられる。

## 平家物語（上、下）
校注／佐藤謙三

平清盛を中心とする平家一門の興亡に焦点を当て、源平の勇壮な合戦譚の中に盛者必衰の理を語る軍記物語。音楽性豊かな名文は、琵琶法師の語りのテキストとされ、後の謡曲や文学、芸能に大きな影響を与えた。

## 和漢朗詠集 現代語訳付き
三木雅博＝訳注

平安時代中期の才人、藤原公任が編んだ、漢詩句588と和歌216首を融合させたユニークな詞華集。全作品に最新の研究成果に基づいた現代語訳・注釈・解説を付載。文学作品としての読みも示した決定版。

## 新版 古今和歌集 現代語訳付き
訳注／高田祐彦

日本人の美意識を決定づけ、『源氏物語』などの文学や美術工芸ほか、日本文化全体に大きな影響を与えた最初の勅撰集。四季の歌、恋の歌を中心に一一〇〇首を整然と配列した構成は、後の世の規範となっている。

## 新古今和歌集（上、下）
訳注／久保田淳

「春の夜の夢の浮橋とだえして峰に別るる横雲の空　藤原定家」「幾夜われ波にしをれて貴船川袖に玉散る物思ふらむ　藤原良経」など、優美で繊細な古典和歌の精華がぎっしり詰まった歌集を手軽に楽しむ決定版。

# 角川ソフィア文庫ベストセラー

# 角川ソフィア文庫ベストセラー

## 大鏡
ビギナーズ・クラシックス 日本の古典

編／武田友宏

老爺二人が若侍相手に語る、道長の栄華に至るまでの藤原氏一七六年間の歴史物語。華やかな王朝の裏の権力闘争の実態や、都人たちの興味津津の話題が満載。『枕草子』『源氏物語』への理解も深まる最適な入門書。

## 方丈記（全）
ビギナーズ・クラシックス 日本の古典

鴨長明
編／武田友宏

平安末期、大火・飢饉・大地震、源平争乱や一族の権力争いを体験した鴨長明が、この世の無常と身の処し方を綴る。人生を前向きに生きるヒントがつまった名随筆を、コラムや図版とともに全文掲載。

## 南総里見八犬伝
ビギナーズ・クラシックス 日本の古典

曲亭馬琴
編／石川博

不思議な玉と痣を持って生まれた八人の男たちは、やがて同じ境遇の義兄弟の存在を知る。完結までに二八年、九八巻一〇六冊の大長編伝奇小説を、二九のクライマックスとあらすじで再現した『八犬伝』入門。

## 紫式部日記
ビギナーズ・クラシックス 日本の古典

紫式部
編／山本淳子

平安時代の宮廷生活を活写する回想録。同僚女房や清少納言への冷静な評価などから、当時の後宮が手に取るように読み取れる。現代語訳、幅広い寸評やコラムで、『源氏物語』成立背景もよくわかる最良の入門書。

## 御堂関白記 藤原道長の日記
ビギナーズ・クラシックス 日本の古典

藤原道長
編／繁田信一

王朝時代を代表する政治家であり、光源氏のモデルとされる藤原道長の日記。わかりやすい解説を添えた現代語訳で、道長が感じ記した王朝の日々が鮮やかによみがえる。王朝時代を知るための必携の基本図書。

# 角川ソフィア文庫ベストセラー

ビギナーズ・クラシックス 日本の古典
## とりかへばや物語
編／鈴木裕子

女性的な息子と男性的な娘をもつ父親が、二人の性を取り替え、娘を女性と結婚させ、息子を女官として女性の東宮に仕えさせた。二人は周到に生活していたが、やがて破綻していく。平安最末期の奇想天外な物語。

ビギナーズ・クラシックス 日本の古典
## 堤中納言物語
編／坂口由美子

気味の悪い虫を好む姫君を描く「虫めづる姫君」をはじめ、今ではほとんど残っていない平安末期から鎌倉時代の一〇編を収録した短編集。滑稽な話やしみじみした話を織り交ぜながら人生の一こまを鮮やかに描く。

ビギナーズ・クラシックス 日本の古典
## 太平記
編／武田友宏

後醍醐天皇即位から室町幕府細川頼之管領就任まで、史上かつてない約五〇年の抗争を描く軍記物語。強烈な個性の新田・足利・楠木らの壮絶な人間ドラマが錯綜する南北朝の歴史をダイジェストでイッキ読み！

ビギナーズ・クラシックス 日本の古典
## 良寛 旅と人生
編／松本市壽

江戸時代末期、貧しくとも心豊かに生きたユニークな禅僧良寛。越後の出雲崎での出生から、島崎にて七四歳で病没するまでの生涯をたどり、残された和歌、漢詩、俳句、書から特に親しまれてきた作品を掲載。

ビギナーズ・クラシックス 日本の古典
## 百人一首（全）
編／谷　知子

天智天皇、紫式部、西行、藤原定家――。日本文化のスターたちが繰り広げる名歌の競演がスラスラわかる！　歌の技法や文化などのコラムも充実。旧仮名が読めなくても、声に出して朗読できる決定版入門。

# 角川ソフィア文庫ベストセラー

# 角川ソフィア文庫ベストセラー

ビギナーズ 日本の思想
新訳 茶の本

訳／大久保喬樹
岡倉天心

『茶の本』（全訳）と『東洋の理想』（抄訳）を、読みやすい訳文と解説で読む！ ロマンチックで波乱に富んだ生涯を、エピソードと証言で綴った読み物風伝記も付載。天心の思想と人物が理解できる入門書。

ビギナーズ 日本の思想
福沢諭吉「学問のすすめ」

訳／佐藤きむ
解説／坂井達朗
福沢諭吉

国際社会にふさわしい人間となるために学問をしよう！ 維新直後の明治の人々を励ます福沢のことばは現代にも生きている。現代語訳と解説で福沢の生き方と思想が身近な存在になる。略年表、読書案内付き。

ビギナーズ 日本の思想
西郷隆盛「南洲翁遺訓」

訳・解説／猪飼隆明
西郷隆盛

明治新政府への批判を込め、国家や為政者のあるべき姿と社会で活躍する心構えを説いた遺訓。やさしい訳文とともに、その言葉がいつ語られたものか、一条ごとに読み解き、生き生きとした西郷の人生を味わう。

ビギナーズ 日本の思想
九鬼周造「いきの構造」

編／大久保喬樹
九鬼周造

恋愛のテクニックが江戸好みの美意識「いき」を生んだ——。日本文化論の傑作を平易な話し言葉にし、各章ごとに内容を要約。異端の哲学者・九鬼周造の波乱に富んだ人生遍歴と、思想の本質に迫る入門書。

ペリー提督日本遠征記（上）

M・C・ペリー
編纂／F・L・ホークス
監訳／宮崎壽子

喜望峰をめぐる大航海の末ペリー艦隊が日本に到着、幕府に国書を手渡すまでの克明な記録。当時の琉球王朝や庶民の姿、小笠原をめぐる各国のせめぎあいを描く。美しい図版も多数収録、読みやすい完全翻訳版！

# 角川ソフィア文庫ベストセラー

## ペリー提督日本遠征記（下）

M・C・ペリー
編纂／F・L・ホークス
監訳／宮崎壽子

刻々と変化する世界情勢を背景に江戸を再訪したペリーと、出迎えた幕府の精鋭たち。緊迫した腹の探り合いが始まる——。日米和親条約の締結、そして幕末日本の素顔や文化を活写した一次資料の決定版！

## 新版 遠野物語
付・遠野物語拾遺

柳田国男

雪女や河童の話、正月行事や狼たちの生態——。遠野郷（岩手県）には、怪異や伝説、古くからの習俗が、なぜかたくさん眠っていた。日本の原風景を描く日本民俗学の金字塔。年譜・索引・地図付き。

## 雪国の春
柳田国男が歩いた東北

柳田国男

名作『遠野物語』を刊行した一〇年後、柳田は二ヶ月をかけて東北を訪ね歩いた。その旅行記「豆手帖から」をはじめ、「雪国の春」「東北文学の研究」など、日本民俗学の視点から東北を深く考察した文化論。

## 新訂 妖怪談義

柳田国男
校注／小松和彦

柳田国男が、日本の各地を渡り歩き見聞した怪異伝承を集め、編纂した妖怪入門書。現代の妖怪研究の第一人者が最新の研究成果を活かし、引用文の原典に当たり、詳細な注と解説を入れた決定版。

## 一目小僧その他

柳田国男

日本全国に広く伝承されている「一目小僧」「橋姫」「物言う魚」「ダイダラ坊」などの伝説を蒐集・整理し、丹念に分析。それぞれの由来と歴史、人々の信仰を辿り、日本人の精神構造を読み解く論考集。

# 角川ソフィア文庫ベストセラー

## 毎日の言葉　柳田国男

普段遣いの言葉の成り立ちや変遷を、豊富な知識と多くの方言を引き合いに出しながら語る。なんにでも「お」を付けたり、二言目にはスミマセンという風潮などへの考察は今でも興味深く役立つ。

## 先祖の話　柳田国男

人は死ねば子孫の供養や祀りをうけて祖霊へと昇華し、山々から家の繁栄を見守り、盆や正月にのみ交流する――膨大な民俗伝承の研究をもとに、古くから日本人に通底している霊魂観や死生観を見いだす。

## 海南小記　柳田国男

大正9年、柳田は九州から沖縄諸島を巡り歩く。日本民俗学における沖縄の重要性、日本文化論における南島研究の意義をはじめて明らかにし、最晩年の名著『海上の道』へと続く思索の端緒となった紀行文。

## 火の昔　柳田国男

かつて人々は火をどのように使い暮らしてきたのか。火にまつわる道具や風習を集め、日本人の生活史をたどる。暮らしから明かりが消えていく戦時下、火の文化の背景にある先人の苦心と知恵を見直した意欲作。

## 妹の力　柳田国男

かつて女性は神秘の力を持つとされ、祭祀を取り仕切っていた。預言者となった妻、鬼になった妹――女性たちに託されていたものとは何か。全国の民間伝承や神話を検証し、その役割と日本人固有の心理を探る。

# 角川ソフィア文庫ベストセラー

## 桃太郎の誕生

柳田国男

「おじいさんは山へ木をきりに、おばあさんは川に洗濯へ――」。誰もが一度は聞いた桃太郎の話。そこには神話時代の謎が秘められていた。昔話の構造や分布などを科学的に分析し、日本民族固有の信仰を見出す。

## 昔話と文学

柳田国男

「竹取翁」「花咲爺」「かちかち山」などの有名な昔話(口承文芸)を取り上げ、『今昔物語集』をはじめとする説話文学との相違から、その特徴を考察。丹念な比較で昔話の宗教的起源や文学性を明らかにする。

## 小さき者の声

柳田国男傑作選

柳田国男

表題作のほか「こども風土記」「母の手毬歌」「野草雑記」「野鳥雑記」「木綿以前の事」の全6作品を一冊に収録！ 柳田が終生持ち続けた幼少期の直感やみずみずしい感性、対象への鋭敏な観察眼が伝わる傑作選。

## 柳田国男 山人論集成

柳田国男
編／大塚英志

独自の習俗や信仰を持っていた「山人」。柳田は彼らに強い関心を持ち、膨大な数の論考を記した。その著作や論文を再構成し、時とともに変容していった柳田の山人論の生成・展開・消滅を大塚英志が探る。

## 神隠し・隠れ里

柳田国男傑作選

柳田国男
編／大塚英志

自らを神隠しに遭いやすい気質としたロマン主義者であった柳田は、他方では、普通選挙の実現を目指すなど社会変革者でもあった。30もの論考から、その双極性を見通す。唯一無二のアンソロジー。